テレビ通販で分かった

「売れる！」話し方

元ジャパネットたかたMC
馬場雄二

ごま書房新社

はじめに

テレビの通販番組を見ていて、ついつい「ほしいなあ」「これ、良さげだなあ」と思ってしまった経験はないでしょうか。実際に電話をかけて買ってしまった、という経験をお持ちの方もいらっしゃるかもしれません。その日の朝までは、全然ほしいと思っていなかった商品を、ほんの数分でほしくてほしくてたまらない気持ちにしてしまうテレビ通販。画面には、有名人とか女優さんとか、モデルさんが映っているわけではなく、しゃべっているのは美形とまではいえない通販キャスターです。彼らのしゃべり一つで、思わず衝動買いしてしまうのはなぜなのでしょうか。

実はそこには、計算し尽くされたある方程式があるのです。

私は大手通販会社ジャパネットたかたで、テレビとラジオの通販キャスター（ジャパネットたかたでは「ＭＣ」といいます）を丸10年経験し、最前線で販売の仕事に携わってきました。ジャパネットたかたといえば、みなさんがまず思い浮かべるのはハイトーンの声が特徴の髙田明前社長ではないでしょうか。長崎県の小さなカメラ店からスタートし、わずか30年でジャパネットたかたを全国でも有数の通販会社に育て上げた創業者であり、常に画面に出て商品の魅力を伝え続けたカリスマ販売員でもあります。

私は髙田明氏が、画面から引退する少し前の２０１３年にジャパネットたかたに入社し、すぐにＭＣとして画面に出て商品紹介を担当したのですが、今考えても情けないほどにまったく売れないＭＣでした。「自分には、この仕事は向いていないのでは？」と思い始めていたあるとき、髙田明氏のしゃべり（セールストーク）をそっくりそのままコピーしてしゃべる「完コピ」で商品を紹介したところ、突然売れ始めたのです。髙田明氏のしゃべりには、商品を買いたくなる何かがありました。そこからの3年間は、ひたすら髙田明氏の生のしゃべりを横で聴き、それを覚え、髙田明氏がしゃべった通りにしゃべって売る、という完コピセールストークの実践で時間が過ぎていきました。

ところが、その髙田明氏が65歳という若さで、突如、社長を引退。テレビ通販の表舞台からも姿を消すことを発表し、私も大きな衝撃を受けました。巷ではジャパネットたかたは看板社長がいなくて大丈夫なのか、そんな声さえささやかれ始めていました。実際に同じ不安を抱えた制作現場のスタッフも多かったのです。

私は髙田明氏が生んだ、商品を言葉に乗せて売る技術を何とか形にして残せないか、引退までの1年間で、お客様へのメッセージの伝え方を分析し、誰がしゃべっても売れる形にできないかと、手探りの日々が始まりました。

そんな中で、ある取り組みが始まります。髙田流の話し方・伝え方を整理した上で図式化し、誰が見ても、その通りにしゃべるだけで、お客様へメッセージがわかりやすく、伝わりやすいナビゲーションのようなものができないかというプロジェクトです。そして、みんなで知恵を絞る中で考案されたのが、「ポジションマップ」です。

これは、メッセージの柱を明確にして、伝える訴求内容と順番、どんな言葉で買っていただくかを一枚のシートにまとめたもので、ジャパネットたかた内のテレビやラジオのほか、インターネットもカタログもすべての媒体で同じポジションマップを使うことによって、ジャパネットたかたのメッセージをブレることなくストレートに伝えることができる最強のアイテムとなりました。今回は、そのポジションマップを私なりに改定し、オリジナルの「商品ナビシート」として、どなたでも使いやすい形でご紹介します。

この商品ナビシートを活用することで、誰でもショッピングキャスターのように商品の魅力を伝えられます。販売不振に悩むすべての企業や小売店の販売員にとって、強い武器になると確信しています。

また、ＳＮＳやライブ配信で商品を紹介している人にも、ぜひ、販売強化ツールの一つとして、この商品ナビシートをご活用いただき、売上アップにつなげていただきたいと思います。

馬場雄二

テレビ通販で分かった「売れる！」話し方●もくじ

第2章

商品ナビシートは〝売れる話し方〟の道案内

第3章 商品ナビシートを応用してみよう

第4章 話し手のスキル向上のために

第5章 もっと商品ナビシートを活用していこう

第1章

挫折から学んだ
トップセールスマンの
売り方の基本

1 元テレビ局ニュースキャスターの挫折

■鳴り物入りで入社した元アナウンサー

私は鹿児島のテレビ局でアナウンサーとして20年の経験があり、夕方のメインのニュースキャスターも10年務め、番組やCM、ナレーションやイベント、それに婚礼の司会まで幅広くこなしてきました。自分でいうのもおこがましいのですが、いわば「しゃべりのプロ」です。そんな私が縁あって、ジャパネットたかたに転職したのは２０１３年10月のことでした。

当時、長崎県佐世保市を拠点にしていたジャパネットたかたが、東京に新しくオフィスとスタジオを構えるというので、ＭＣ（通販キャスター）を募集していました。ちょうどそのタイミングで、私も東京への転職を希望していて、これまでのしゃべりのスキルを活かせる仕事はないかと探していたところ、たまたまジャパネットたかたの求人を見つけて、応募したところ無事に採用されました。

地方局とはいえ、つい先日まで現役バリバリでしゃべっていたアナウンサーが入社してきたということで、社内の私に対する期待は大きかったのを覚えています。しゃべりに関してはプロなのだから、きっと売れるに違いない、スタッフの誰もがそう思っていましたし、実際、私自身も自信を持っていました。

■高田明前社長の100分の1しか売れない

ところが、現実はそう甘くはありません。およそ3か月の研修を経て、2014年1月、私がデビュー戦で紹介した男性用の電動シェーバーは、5分間のテレビ通販でたった2個しか売れませんでした。前日の同じ番組で先輩の中島一成MCがしゃべったときには、少なくとも数十個は売れていました。さらに、その前日に髙田明氏が紹介したときには200個以上は売れていたのです。同じ商品を紹介しているのに、こんなにも差がなぜ生まれるのか。私の商品紹介は、決して下手ではなく流暢《りゅうちょう》にしゃべれているのになぜ売れないのか。理由がわからず、私は大いに自信を喪失しました。

腕時計を紹介しても、掃除機を紹介しても結果は同じでした。髙田明氏の100分の1しか売れない日々……。自分にはこの仕事は向いていないのかもしれない、転職は失敗だったのかもしれない。そんな苦悩の日々がそれからしばらく続きました。

2 完コピから見えてきた一筋の光

■カリスマの一言一句をとにかく真似する

デビューから2か月ほど経ったある日、なかなか実績の出ない私の情けない姿を見かねてか、先輩のMCがこんなアドバイスをくれました。「明社長がしゃべった通りにしゃべったら多分売れますよ」と。

髙田明氏といえば、ハイトーンの声もさることながら、独特の佐世保弁が特徴です。アナウンサー経験者の私には、アクセントもめちゃくちゃなそのしゃべりを真似することなんて、考えもつかないことでした。決して乗り気ではなかったものの、販売不振で苦しんでいた私は、藁《わら》にもすがる思いで、まずは髙田明氏がしゃべったVTRを自宅に持ち帰りました。再生しては止め、再生しては止め、一言一句しゃべった通りの言葉を書き起こしました。そして今度は、そのVTRの音を消して、映像の口の動きに合わせて、髙田明氏のテンポで同じようにしゃべってみたのです。

高田明氏のしゃべりは、ゆっくり話しているように聴こえますが、実は文字にしてみると意外に速いのです。ニュース原稿を読むアナウンサーは、1分間に300文字程度といわれますが、高田明氏は400文字程度のスピードがあり、最初はその速さについていくのがやっとでした。

■3か月目で突如見えてきた希望の光

高田明氏がしゃべった通りにしゃべるので、社内では「完コピ」と呼んでいるのですが、10回繰り返していると「なるほど、なるほど」という気づきが出てきます。20回真似るうちに、「へえ、そうだったのか」という細かい発見が次々と出てくるのです。

速いのにゆっくり感じるしゃべりの中には、実は所々に「間」があります。間といっても空白の時間ではなくて、「いいですかあ」「ねえ」「すごいでしょ」などの言葉です。

私はそれを最初、単なる接続詞だと捉えてしまっていました。でも、何度も何度も繰り返す中で、それは一種のキャッチボールであることに気がつきました。

テレビ通販は、伝える側の一人しゃべりで進行する番組です。普通のMCの場合、しゃべり手側が一方的にしゃべって5分という時間が経過するのですが、高田明氏は、

5分間の中でテレビの前の視聴者（お客様）と、きちんと会話を成立させているのです。

■計算され尽くした「しぐさ」

さらに、ショッピングですから商品のアップの映像が映される時間が長いのが一般的なのですが、髙田明氏の場合には、しゃべり手のワンショット、つまりMCの顔の表情が映される時間が結構あるのです。カメラ目線の先には、当然、視聴者（お客様）がいるわけですから、テレビの前に座っているお客様とは、目と目を合わせて対話している格好になります。

そして、両手が遊んでいる時間が片時もありません。常に動かしながらまさに身振り手振り、思いを伝えているのです。商品の性能や機能を説明しながらも、そこにしぐさを加えることで、より魅力的な商品に感じられるように、商品に表情を与えているように見えます。

それまで、商品の性能や機能を言葉だけで、しかも一方的に説明していた私の商品紹介とは、形は同じでも伝えている内容の濃さが全然違っていたのです。100倍の売上の差がなぜ起こるのか、私は完コピを通して初めて腑《ふ》に落ちました。

3 達人に学ぶセールストークの基本

■「伝えたつもり」が一番怖い

私はよく髙田明氏から、商品紹介で一番怖い落とし穴は「伝えたつもり」だと聞かされました。

どんなに言葉を重ねてくどいくらいに説明をしたとしても、結局は聞いた人がそれを理解できていなかったら、「伝わった」とはいえないわけです。

これって結構、私たちの身近なところでもよくある話ではないですか？　上司に報告した「つもり」が、「いやいや、そんな話は聞いてないよ」なんていわれてしまった経験、ないですか？

つまり、これは「伝えたつもり」が起こすありがちなミスです。人は忘れる動物ですので、聞いた1分後には何割かは忘れています。忘れることを前提に、話を進めれば、「伝えたい」内容は面白いように伝わるのです。

■お客様への問いかけは伝わっているかの確認

髙田明氏の完コピでも紹介した通り、ショッピングの中で「いいですか」「すごいでしょ」という語りかけの言葉は、言い換えるなら「ここまでご理解いただけましたか？」「先に行ってもいいですか？」という確認です。この一言が途中で入ることで、聞いているお客様が、一度頭を整理して、それまでの内容を理解する時間が生まれるのです。

この言葉がないまま先へ進められてしまうと、お客様はさっき聞いた説明がどこかへ忘れ去られた状態で、新しい情報によって上書きされてしまう、ということが起こります。

こういった細かい語りかけと確認の言葉を重ねることで、商品の魅力がどんどん上積みされ、より一層魅力的なものに感じられるようになるから不思議です。

■商品の先にある生活の変化を語る

そうはいっても、商品の説明だけが3分も4分も続くと、人には集中力の限界がありますから、これ以上は受け入れられないという飽和点が訪れます。

そこで私が気づいたのは、髙田明氏のしゃべりには、商品説明の途中で、その商品が家に届いた後に起こる生活の変化を語る部分が必ずあることです。いわゆる商品説明をハードとすると、生活提案はソフトの部分です。

ロボット掃除機の説明では、「今まで掃除に使っていた時間を家族との団らんに使ってください。小さいお子さんは、お母さんに読んでもらった絵本の記憶を一生忘れないですよ」と語りかけられたら、子育て中のママは、ロボット掃除機が届いたら子どもとのふれあいの時間が増やせると想像を膨らませてくれます。そうなれば、さっきまで「掃除なんて自分でやればいい」と思っていたのも忘れて、注文の電話をしていただけるんです。

言葉って、すごいでしょ？

4 社長の引退宣言
～そのしゃべりを分解するところから始まった～

■突然の引退表明

私がジャパネットたかたへ転職した2013年は、今でも語り継がれるジャパネットたかた史上最大の「覚悟の年」でした。当時、社長だった髙田明氏が突然、「今年、過去最高の利益を達成できなかったら社長を辞めます！」と、表明したからです。

当時のジャパネットたかたは、髙田明氏の顔でもっていたといっても過言ではありません。その看板がなくなるというのは、会社にとっての死活問題です。

発言の日から、私をはじめ会社中が大慌てしたのはいうまでもありません。中には泣き出す社員もいました。しかし、時間が経つにつれて、その発言の真意がだんだんと社員の中にも浸透し始めました。

2011年までのジャパネットたかたは右肩上がりの成長を続けていました。それは実力というよりも、ある社会制度が一つの追い風になっていたのです。覚えていらっしゃいますか？　「エコポイント」です。

当時は、地上派のテレビ放送がアナログからデジタルに切り替わるタイミングで、政府がテレビの買い替えを促すために、購入費用の一部を補助する制度がスタートしていたのです。当時は大画面テレビか、パソコンを紹介すれば飛ぶように売れていました。

ところが制度が終了した２０１１年には、それまで売れていた大画面テレビもパソコンも、まったく売れなくなるという反動が起きます。

「このままではジャパネットたかたは終わってしまう。過去最高の利益を出さないと、社長が引退してしまう」

全社員が必死になって、仕事と向き合い始めた年、そんな２０１３年に私は入社していたのです。

■若手社員のムードが変わった

「社長を引退させてはいけない！」。そんなムードが、ジャパネットたかたの社内では日に日に高まっていきました。そんな中で、大画面テレビに代わるヒット商品が次々と生まれます。正確にいうと、それまでそこそこ売れていた商品が、あるときを境に、急激に売上を伸ばし始めたのです。

掃除機の「トルネオ」が代表的な例です。

トルネオはもともとジャパネットたかたでも人気の商品ではあったのですが、年に数万台の規模でしか売れていませんでした。それが、商品の見せ方、訴求の尖《とが》らせ方を変えただけで、年間数十万台も売れる大ヒット商品になったのです。そのほかにも、布団専用のクリーナー「レイコップ」や、カシオの電子辞書、スチームアイロン「スチームQ」など、確実に商品紹介のレベルが上がり、ヒット商品が次々に世の中に送り出されていきました。

■社長引退は免れた！　と思いきや

結果的に2013年は、ジャパネットたかたが創業以来の記録を塗り替え、過去最高の利益を達成します。これで何とか社長の引退を引き留められたと、誰もが安堵のため息をついたのも束の間です。翌年、今度は「あと2年社長をやったら社長を交代する」と、またまた突然の宣言が行われたのです。

これには、テレビ制作に携わっていた現場の人間が最も慌てました。当時のジャパネットたかたのショッピング番組の半分以上に髙田明氏が出演し、後継者といえる存在は育っていませんでした。中島一成氏や塚本慎太郎氏といったMCも、当時はまだ無名に近い存在だったのです。

東京スタジオに勤務していた全MCが、急遽《きゅうきょ》、佐世保本社に呼び戻され、2年かけて髙田明氏のしゃべりを継承するという任務が与えられました。

もちろん、私も例外ではありません。入社して間もなく1年になろうという頃で、ようやく東京でのMC生活が軌道に乗り始めていましたが、佐世保への転勤を余儀なくされ、結果、そこから3年半、髙田明氏の直接指導を受ける生活を過ごしました。

■しゃべりの分析からすべては始まった

それまでジャパネットたかたの看板社長であり、看板MCだった髙田明氏の技を継承すべく、佐世保本社に集められた私たちがまず取り組んだのは「なぜ髙田明社長がしゃべると売れるのか」の分析でした。

前述した髙田明氏のセールストークの基本は、だいたい全MCが体感としては掴んでいたのですが、その結果なぜ売れるのかを分析して、それを見える化することで、どのMCがしゃべっても同じように「売れる」、同じように「伝わる」方法を確立しようと試行錯誤の日々が始まったのです。

いくつかの意見が出ました。「社長がしゃべるとメッセージがわかりやすい」「社長にいわれると自分にいわれている感じがする」「社長が安いというと本当に安い感じがする」など。それらを体系化していくと、なるほどなるほど、何か形らしきものが私にも見えてきました。お客様に伝えたいことが、ブレることなくストレートに伝わって、しかもそれが腑に落ちるように話の流れを導いていくこと、そして、性能の多くを語るのではなく、その商品の魅力を伝えることや大事なことに、だんだんと焦点が合ってきたのです。

5 商品の説明では売れない～生活の変化を伝える～

■まず誰に売りたいのか

髙田明氏の商品紹介で多くの人が抱くのは「自分に語りかけられている」ような感覚です。聞いている人は、そのメッセージが自分に対するものだと感じるので、その商品が自分に必要だと認識するのです。つまり、語りかけるターゲット（ペルソナ）が明確なのです。売る相手によって、当然、話しかける内容は大きく変わります。

例えば、子ども向けの玩具を紹介するとしましょう。その商品のターゲットは、子どもですか？ 違いますよね。子どもを持つ親、もしくは孫を持つおじいちゃん、おばあちゃんです。特にジャパネットたかたの場合は、購入者の多くがシニアなので、この際、若い30～40代の親は捨てて、完全にシニアに向けて商品を説明します。「プレゼントの箱から、この玩具が出てきたらお孫さん喜びますよ～」と語りかけると、お客様は孫が笑顔になっている姿を想像し、買ってくださるのです。

■どんなメッセージで魅力を伝えるのか

さらに、その商品がどんな魅力を持った商品なのかを、とてもわかりやすい言葉で端的に表現します。電子辞書という、普通なら学生やビジネスマンに向けて売りそうな商品でも、髙田明氏はシニアに向けて「道を歩いていてきれいな花が咲いていたら、これ、何て花だろうって名前を知りたくなりませんか？　この辞書には植物の本も入っていますからすぐにわかるんですよ」と生活のありがちなシーンを連想させて、あったら良さそうという気持ちをわき起こさせるのです。

「新聞を読んでいて、難しい漢字が出てきたら何て読むんだろうって知りたくなりますよね？　すぐに調べられるんですよ」と、シニアの知的好奇心をくすぐるワードを何度も連呼します。そうすると、視聴者は「知りたいことが何でもすぐに調べられるんだ〜、便利そう！」と思わず買ってしまうのです。

要は、どんな辞書が入っていてどう使うかという難しい説明なんてどうでもよくて、それが届いたらこんな素敵な世界が待っているんですよと、夢を具体的に示してあげるメッセージを、短い言葉で何度も何度も出すのがポイントなのです。

■安く感じてもらう仕掛け

高田明氏の商品紹介では、それほど多くの機能説明は出てきません。必要最低限の商品情報と、それが届いた後に起こる生活の変化が、大きな伝えたいポイントであることは述べましたが、私はそれを並べる順番にも実は法則があることに気づきました。ジャパネットたかたのショッピングは、商品紹介が始まってすぐには価格を発表しません。一通りの商品紹介が終わって、終盤に差し掛かってから価格を出します。

ここで、みなさんに質問です。訴求の内容が3つあったとしましょう。一番強い訴求をA、中くらいの強さの訴求をB、ちょっと弱い訴求をCとした場合、みなさんはどの順番でお客様に紹介しますか?

①A↓B↓C↓価格
②B↓C↓A↓価格
③C↓B↓A↓価格

どれも、決して間違いではないのですが、高田明氏ならば②なのです。まず、つかみでBを出し、商品にある程度の魅力を感じてもらい、一番強い訴求を価格の直前に持ってきます。そうすることで、強烈な印象が残ったまま、価格を知りますから、お客様は安く感じるのです。

みなさんもよくご存じ、あの有名フィギュアスケーターが愛用していることでおなじみのエアウィーヴという敷寝具を売るとしましょう。とても素晴らしい商品なので、セールスポイントはたくさんあります。一流アスリートが使っている、一流ホテルやＪＡＬの国際線ファーストクラスでも使われている、体圧分散に優れている、寝返りが打ちやすい、お手入れしやすいなど、数えたらきりがありません。これを5分間のショッピングの中で紹介するには全部を説明していたら時間が足りません。ですから、

①一流のアスリートが使っているあの寝具です

②なぜ選ばれるか、体圧分散が素晴らしく眠りの質を高めてくれるからです

③しかもカバーも中材も洗えるので清潔に使えるんです

という3点だけに絞って、魅力を伝えます。なぜ③が最後かというと、世の中に普及している敷寝具で洗えるものがほとんどないからです。あなたが使っている敷布団、ベッドのマットレスは洗えますか？　洗える敷寝具は、画期的ですよね。

6 DNAを継承するための模索から生まれたアイディア

■新社長の発案で生まれた「ポジションマップ」

だんだんと形が見えてきた髙田明流のしゃべりを何とか体系化できないか、ジャパネットたかたが続けてきたわかりやすいショッピングの形を、誰がやっても同じしゃべりができるようにできないか、この課題に向き合う中で生まれたのが、「ポジションマップ」です。

通販会社によっては、「商品訴求シート」「戦略シート」などと呼ばれいろいろなスタイルがありますが、ここではジャパネットたかたのポジションマップをもとに、私が誰でもわかりやすい、使いやすい「商品ナビシート」の形にまとめてみました。

これは、①誰に売るのか（ターゲット・ペルソナ）、②どんなメッセージで売るのか（軸）、③何をお客様に感じていただきたいのか（大分類）、④それをどんな訴求で伝えるのか（中分類）、⑤そのための具体的な武器は何か（小分類）が、一目でわかるようなレイアウトになっていて、誰がみても「この順番で、こういう伝え方をするんだ」というのがわかる内容になっています。

この商品ナビシートを上手に活用できるようになれば、各種通販はもちろん、対面販売でのお客様への商品説明、インターネット販売、ライブコマースなどのさまざまな販売チャネルで応用ができます。

そして、商品ナビシートで取り扱える商品は、家電だけではありません。化粧品でも健康食品でもスマートフォンでもアパレルでも、ジャンルは関係なく使えます。

ただ、そのためには、このシートにまとめるまでのちょっとしたコツと、これを読み解くためのちょっとしたスキルが必須になってきますので、次章以降でしっかりお伝えしていきます。

さあ、今、販売のお仕事に携わっていらっしゃるみなさん、明日から、あなたのしゃべりが通販キャスター（MC）のように、売れるセールストークになるかもしれません。最初は面倒でも、一度まとめ方を掴んでしまうと、ほんの10分ほどで作成できるようになりますので、ぜひチャレンジしてみてくださいね。

■商品ナビシートのフォーマット

商品ナビシート

商品名			価格	
型式			分割	

ターゲット	
軸	

大分類	%	中分類	小分類

コラム❶

布団専用のクリーナー「レイコップ」はなぜ売れた？

布団専用のクリーナー「レイコップ」をご存じですか？　実は当初はあまり売れませんでした。

この商品が登場した当時は、布団専用のクリーナーという概念もカテゴリーも存在していませんでした。ですから、バイヤーがこの商品を見つけてきたときに、「この１台でソファもカーペットも布団も掃除ができる便利な万能クリーナー」として紹介を始めたのです。でも、そのためにわざわざ掃除機をもう１台買うという人は少なかったのです。

そこで、この商品の開発の経緯から深掘りしました。そもそもレイコップはアトピーに悩む子どものために、医師が開発した商品でした。アトピーの原因の一つが不衛生な寝具環境だったので、そこを改善するために、天気が悪い日でも毎日布団のケアができるように、布団を叩いて、さらにＵＶ照射で除菌するという仕組みを盛り込んだのです。これは、ほかのクリーナーにはない技術でした。

今までの訴求を大きく見直し、その後は布団に特化した商品としての紹介に切り替えたのです。布団を干さずに家の中で「叩いて、吸って、除菌」ができる画期的な商品として訴求内容を尖らせたところ、多くのお客様からご注文をいただきました。それまで布団専用のクリーナーという概念がまったくなかった日本で、レイコップは瞬く間に多くの人に知れ渡るブランドクリーナーになったのです。

この大ヒットに触発されて、他のメーカーからも類似商品が出てくると、レイコップは改良を重ね、叩きの機能を強くしたモデルや、ＵＶの強度を上げたモデルなど高級タイプにバリエーションを広げ、一般の家電量販店でも飛ぶように売れる存在になっていきました。

あのとき、「家の中でいろいろ使える万能クリーナー」のまま紹介を続けていたら、レイコップは鳴かず飛ばずの商品で終わっていたはずです。その商品のどこにスポットを当てて、より尖らせた訴求をするかで、ヒット商品が生まれる可能性が出てくるのです。

第2章

商品ナビシートは“売れる話し方”の道案内

1 新商品の電動シェーバーをどう売るか

■まずは商品を知るところから

では、「商品ナビシート」を実際に作成するために、具体的な商品を例に挙げながらどういう流れでシート化していくかを説明していきましょう。私がデビュー戦でたった2個しか売れなかったあの苦い思い出の電動シェーバーをここでは取り上げます。カリスマMCのように売れる紹介をするためにはどんな商品ナビシートを作ればよいのでしょうか。

まず、これから売ろうという商品がどんな性能を持っていて、何がすごいのかを見極めるために、商品知識を深めるインプット作業が大事になります。

テレビ通販会社では、新商品が出ると、メーカーの開発担当者を呼んで商品勉強会を開きます。テレビ、ラジオ、カタログ、インターネットの各部署から制作担当者が参加して、その商品が持っている細かい性能を質問形式で分析していきます。他社製品と比べて優れている点、アピールポイントはもちろん、実験データの解析結果や訴求に使えるエビデンス（根拠資料）の有無などを、そこで徹底的に議論します。

どのポイントを最大の売りにして押し出せば、その商品が魅力的に伝わるかをイメージしていくのです。

■セールスポイントになることをまず列挙してみる

今回の電動シェーバーはどんな製品なのか、勉強会で示された資料をもとに、いえる（使える）訴求ポイントをどんどん挙げていきましょう（実際にジャパネットたかたで出されたものとは異なります）。

・国内ブランドで信頼感がある
・人間工学に基づいた流線形のデザインが素敵
・手に持ったときのグリップ感を高めるため、一部シリコンラバーが使われている
・ちょうど親指が当たる部分にスイッチがあり、ＯＮ・ＯＦＦの操作がしやすい
・高級感を持たせるために光沢のある塗料を使用している
・サイドにトリマー刃も付いていて際剃《きわぞ》りにも対応できる

・刃の数はメーカー最多の4枚刃を採用
・網刃は穴の形が工夫してあり、曲がった髭《ひげ》もとらえやすい
・真ん中に櫛状の刃を付けて、癖《くせ》髭もキャッチしやすくしている
・一部にチタンコート刃を使って肌荒れにも配慮している
・4枚刃すべてが上下に動くフローティング構造
・ヘッド部分も前後左右に動くフレキシブル構造
・1分間に4000往復のハイパワーで剃り上げる
・ハイパワーながら静音設計で家族が寝ていても使える
・外刃と内刃が一体化した構造で深剃りしやすい
・本体は中国製だが刃はすべて日本製
・交流でも充電でも使えるハイブリッド電源に対応
・急速充電に対応していて約1時間で充電できる
・1回の充電で最大80分、約10日間使える
・防水設計なので水洗いでお手入れできる
・お風呂場に持ち込んで泡剃りができる
・別売りの替え刃6000円相当もセットで付いてくる

・プレゼント用のラッピングサービスもある
・到着後8日間は返品にも対応している（未使用に限る）
・メーカー保証1年、オプションで5年保証も付けられる
・期間限定で6000円引きの9980円で買える

さあ、いろいろ出てきましたね。メーカーもバイヤーも、すごい新商品が出来上がったと意気込んでいるわけですから、それはそれはアピールしたいポイントがたくさんあるわけです。

でも、ちょっと待ってください。この商品を5分間で売ろうとしたら、全部の訴求ポイントは入りきりません。しかも、この要素を全部順番に紹介したとしても、一体どこが最大のポイントで、何がこの商品のすごいところなのか、わかりにくくありませんか？

そうなのです。情報量があまりにも多いと、お客様は頭の中がいっぱいになって混乱してしまって、「じゃ買おう！」という気持ちにはならないのです。

だから、整理して必要な情報をわかりやすく伝えてあげることが重要になってくるんですね。

2 商品ナビシートで断捨離しながら整理する

■伝えたい情報をグルーピングする

商品紹介としてしゃべる際には、筋道を立てて、話の流れを展開する必要があります。そのために、まずは今、何について話しているのかがわかるように、訴求ポイントをいくつかのグループに分けて整理します。クローゼットの中をセーターはここ、シャツはここ、肌着はここというように整頓するのと同じです。

デザインについて話をしているのに、突然、切れ味の話が出てきたり、お手入れの話からまたデザインの話に戻ったり、話があっちに行ったりこっちに戻ったりしないように、頭の整理をするのです。しゃべり手の頭の中が整理できていないまましゃべり出すと、聞き手側はもっと混乱してしまいます。

今回のシェーバーの場合、①デザインや素材に関する話、②構造に関する話、③剃り味に関する話、④使い勝手に関する話、⑤価格やサービスに関する話の大きく5つに分けられそうです。この5つに入らない訴求は、⑥その他として、ひとまずまとめておきます。

では、先ほどの内容を仕分け（グルーピング）してみます。

①デザインや素材に関する話

・人間工学に基づいた流線形のデザインが素敵
・手に持ったときのグリップ感を高めるため、一部シリコンラバーが使われている
・高級感を持たせるために光沢のある塗料を使用している
・一部にチタンコート刃を使って肌荒れにも配慮している

②構造に関する話

・ちょうど親指が当たる部分にスイッチがあり、ON・OFFの操作がしやすい
・サイドにトリマー刃も付いていて際剃りにも対応できる
・刃の数はメーカー最多の4枚刃を採用
・4枚刃すべてが上下に動くフローティング構造
・ヘッド部分も前後左右に動くフレキシブル構造

③剃り味に関する話

・網刃は穴の形が工夫してあり、曲がった髭もとらえやすい
・真ん中に櫛状の刃を付けて、癖髭もキャッチしやすくしている
・1分間に4000往復のハイパワーで剃り上げる
・外刃と内刃が一体化した構造で深剃りしやすい

④使い勝手に関する話

・ハイパワーながら静音設計で家族が寝ていても使える
・交流でも充電でも使えるハイブリッド電源に対応
・急速充電に対応していて約1時間で充電できる
・1回の充電で最大80分、約10日間使える
・防水設計なので水洗いでお手入れできる
・お風呂場に持ち込んで泡剃りができる

⑤価格やサービスに関する話

・別売りの替え刃6000円相当もセットで付いてくる

・プレゼント用のラッピングサービスもある
・到着後８日間は返品にも対応している（未使用に限る）
・メーカー保証１年、オプションで５年保証も付けられる
・期間限定で６０００円引きの９９８０円で買える

⑥その他
・国内ブランドで信頼感がある
・本体は中国製だが刃はすべて日本製

■それぞれのグループ内で優劣をつける

さあ、こうやってグループに分けてみると、だんだん頭の中が整理されてきます。

それと同時に、それぞれの中でも、これは訴求として強いな、弱いなという優劣が見えてきませんか？　例えば③の剃り味に関する話で、「1分間に4000往復」といわれても、それがすごいことなのか、一瞬ではピンときませんよね。「網刃の穴の形が違う」といわれてもパッと見て、形の違いなんて見えません。でも、「真ん中の刃が櫛状です」といわれたら、「確かにそんな形してるねえ」とイメージがわきます。

そこで、強い訴求だけを残して、それほど強くない訴求は、この際そぎ落としてしまいます。強い訴求を太字にしてさらに整理します。

①デザインや素材に関する話

- **人間工学に基づいた流線形のデザインが素敵**
- 手に持ったときのグリップ感を高めるため、一部シリコンラバーが使われている
- 高級感を持たせるために光沢のある塗料を使用している
- 一部にチタンコート刃を使って肌荒れにも配慮している

②構造に関する話

- ちょうど親指が当たる部分にスイッチがあり、ＯＮ・ＯＦＦの操作がしやすい
- サイドにトリマー刃も付いていて際剃りにも対応できる
- **刃の数はメーカー最多の４枚刃を採用**
- **４枚刃すべてが上下に動くフローティング構造**
- ヘッド部分も前後左右に動くフレキシブル構造

③剃り味に関する話

・網刃は穴の形が工夫してあり、曲がった髭もとらえやすい

・真ん中に櫛状の刃を付けて、癖髭もキャッチしやすくしている

・1分間に4000往復のハイパワーで剃り上げる

・外刃と内刃が一体化した構造で深剃りしやすい

④使い勝手に関する話

・ハイパワーながら静音設計で家族が寝ていても使える

・交流でも充電でも使えるハイブリッド電源に対応

・急速充電に対応していて約1時間で充電できる

・1回の充電で最大80分、約10日間使える

・防水設計なので水洗いでお手入れできる

・お風呂場に持ち込んで泡剃りができる

⑤価格やサービスに関する話

・別売りの替え刃6000円相当もセットで付いてくる

・プレゼント用のラッピングサービスもある
・到着後8日間は返品にも対応している（未使用に限る）
・メーカー保証1年、オプションで5年保証も付けられる
・期間限定で6000円引きの9980円で買える

⑥その他
・国内ブランドで信頼感がある
・本体は中国製だが刃はすべて日本製

■残った訴求ポイントの中で最終の優先順位を考える

ここまでくれば、ずいぶん情報の整理ができてきました。最後に、太字で表した訴求の優先順位を考えてみましょう。どの訴求が一番購入に結び付くと思いますか？

これは、単純ではありません。発売のタイミングに左右されることもあります。もともと人気のモデルが新商品に生まれ変わったタイミングであれば、一新された斬新なデザインを推したいですし、防水が新機能であれば、性能が上がったことをアピールしたいですよね。

でも、お客様は前の商品をまったく知らないという場合も多いと思います。特に女性の方はシェーバーなんて興味がない、という方もいらっしゃるでしょう。ですから、誰が聞いてもわかりやすい一番の訴求ポイントは、やはり「安い」かどうかです。

4枚刃のシェーバーで1万円を切る価格というだけでもずいぶん安いですが、そこに今回は6000円の替え刃まで付いてきます。これはかなり安いですよね。そこで今回は、この価格を一番強い訴求と捉えて、話の順番まで少し整理します。

さあ、ここで、ようやく商品ナビシート（49ページ）に埋めていく作業です。訴求ポイントを小分類と書かれたところに並べていきます。ここではまだ、売ることを意識せずに、どうやったら話の流れがスムーズに運ぶかを中心に訴求ポイントを発展させて、入れ込んでみてください。

■訴求のかたまりのタイトルとなる「中分類」とテーマとなる「大分類」を考える

小分類に残った訴求ポイントのかたまりに、わかりやすくタイトルを付けていきます。これが「中分類」です。

このとき、できるだけ接続詞を頭に付けてあげると、しゃべりやすくなります。具体的には、「しかも」「さらに」「例えば」「その上で」などです。

そして、中分類が整ったら、今度は中分類を総括する大分類のタイトルを付けます（50ページ）。中分類の言葉をつなぎ合わせた、ちょっと長めのタイトルでも構いません。この項目は何について話したいのかという、「大テーマ」といったイメージです。

そして、ここが大事なポイントです。大分類は多くても3つか4つまでにします。せっかく情報を断捨離したはずなのに、ここでまたテーマが多くなるとお客様は混乱してしまうからです。

そして、お客様には、どのテーマを優先的に感じ取っていただきたいのかを明確にするため、パーセンテージで表します。この商品は価格が安いのが一番伝えたいことなのか、性能が良いのが最も印象に残したい内容なのか、あるいは希少性が高いことが一番の売りなのかを、お客様に感じ取ってもらいたい重要度の高い順番に50％、30％、20％などと割り振ります。これも、どこを一番大事にして伝えるかということを話し手が忘れないためです。

みなさんもこんな経験ないですか？　友達と野球の話で盛り上がっていたはずなのに、いつの間にか子どもに野球を習わせたいという話になり、日本の教育の話になっていたなんてことが。このパーセンテージは、ここを外さないための意思表示で、お客様が最後に、このパーセンテージ通りに話の印象が残っているのが理想です。

商品ナビシート

商品名	電動シェーバー　エスブレード
型式	RM-FJ21　R

価格	セット価格15,980円→9,980円
分割	なし

ターゲット	
軸	

大分類	%	中分類	小分類
			メタリックなデザインで高級感
			手にもよくなじむデザイン
			信頼の国内メーカー
			シェーバーでは定評のある〇〇
			買い替えのきっかけに
			一度に4つの仕事をするから 忙しい朝にぴったり
			触れる面積が広いから肌にも優しい
			あごラインにフィット
			櫛状の刃が寝ている髭も起こしてカット
			防水だからお手入れが簡単
			お風呂場で使える
			T字カミソリのように泡剃りもできる
			セット価格15,980円が今なら9,980円
			6,000円の替え刃付き
			0120−〇〇〇−〇〇〇
			1年半＋1年半で3年使えてこの価格

商品ナビシート

商品名	電動シェーバー　エスブレード
型式	RM-FJ21　R

価格	セット価格15,980円→9,980円
分割	なし

ターゲット	
軸	

大分類	%	中分類	小分類
高級感溢れるシェーバーが今だけ安い	30	人間工学に基づいたデザインが素敵	メタリックなデザインで高級感
			手にもよくなじむデザイン
		国内ブランド	信頼の国内メーカー
			シェーバーでは定評のある〇〇
		期間限定で安い	買い替えのきっかけに
高性能で使い勝手も抜群	30	（まず）何といっても４枚刃	一度に４つの仕事をするから忙しい朝にぴったり
			触れる面積が広いから肌にも優しい
		（さらに）使いやすい構造	あごラインにフィット
			櫛状の刃が寝ている髭も起こしてカット
		（しかも）防水性能がすごい	防水だからお手入れが簡単
			お風呂場で使える
			Ｔ字カミソリのように泡剃りもできる
替え刃までセットで破格値	40	今ならセットでお得	セット価格15,980円が今なら9,980円
			6,000円の替え刃付き
		注文方法の案内	０１２０－〇〇〇－〇〇〇
		３年使える	１年半＋１年半で３年使えてこの価格

3 誰に売るのか～ターゲットが大事～

■売る対象によってメッセージは変わる

だいたいの話の流れが整ってきたら、この商品をセールスするにあたって、誰に買ってもらいたいのか、そのターゲット（メインのお客様）を決めます。男性なのか、女性なのか、世代は若いビジネスマンなのか、あるいは中高年やご高齢の方なのか、相手が誰かによって、言葉のチョイスが変わってきます。

では、電動シェーバーのターゲットは、どこに絞るべきでしょうか。

おそらくほとんどの方が、現役で働くビジネスマンをイメージするでしょう。もちろん、正解です。かつては、朝の通勤時間帯にサラリーマンを呼び止めてわざわざ髭を剃ってもらうテレビCMもあったくらいですから、それは間違いありません。

ですが、覚えていらっしゃいますか？　私の失敗を。

ジャパネットたかたに転職して、初めて私がテレビ通販で販売した商品がこの電動シェーバーでした。5分間でわずか2個しか売れなかったのは、私のしゃべり方にも問題はありましたが、実はこのターゲットを間違えていたからだったのです。

■販売する時期、曜日、時間帯まで想像する

テレビ通販が生放送されている時間帯が、平日の午前9時から夕方5時くらいだとしたら、バリバリ働いているビジネスマンの方は、その時間帯にテレビを観ているでしょうか。おそらく、テレビの前にいるお客様は、現役を引退した60代より上の方か、家事などをされる女性の方ではないでしょうか。となれば、メインのターゲットはビジネスマンではなく、①シニア男性、②主婦ということになります。

でも、「男性用のシェーバーが女性に売れるの？」と思いますよね？　でも売れるんです。実際に5分間で200個を売った髙田明社長は、「お宅のご主人に買ってあげてください」と、女性に向かってメッセージを発していました。デパートのネクタイ売り場を想像してください。バレンタインデーが近くなると、プレゼントを買い求める女性の姿がかなり多く見受けられます。クリスマス商戦真っ盛りの頃もそうでしょう。つまり「毎朝髭を剃る男性が家にいる女性」も、大きなターゲットとして浮かび上がってくるのです。

これが土日や祝日の放送になると、またターゲットは変わってきます。お休みの日にテレビを観ている働く男性も多くいらっしゃることでしょう。

つまり、その商品を誰に向かって売りたいのかは、1年の中で今がどんな時期なのか、父の日が近いのか、敬老の日が近いのか、クリスマスやバレンタインデー、あるいは新社会人の就職の時期なのか、といった季節柄がまず大事ですし、どの曜日のどの時間に放送されるのかを、毎回毎回考える必要があるのです。

もちろん、これはテレビ通販に限りません。インターネットのライブ配信のように、自分で時間を選べる場合は特に、商品に合わせて何時に配信したら最もよく観てもらえるのかを考える必要があります。女性向けアパレル商品なら夕ご飯が終わった夜9〜10時あたり、自動車やバイクならさらに遅い深夜1時あたり、ペット用のグッズなら午前中のお散歩前の10時あたりなど、ターゲットと時間には切っても切れない関係があります。この思考をおろそかにして、いつ流れても同じようなしゃべりをしていては、売れるものも売れないのです。

■ターゲットが決まったら、生活の様子を想像する

では、仮に今回のシェーバーのメインターゲットがシニア男性、サブターゲットが

働く男性と一緒に生活している女性に定まったとしましょう。

シニア男性をもっと具体的に想像してみてください。その方は退職金や年金がたくさんあって、悠々自適に生活なさっている方ですか？　それとも夫婦2人暮らしで、家計は奥様が預かっているので、お小遣いをもらいながら生活なさっている方ですか？　同じシニア男性でも、ずいぶんイメージが違いますよね。

そこで今回の商品の特長をもう一度見てみましょう。替え刃セットで1万円以下の低価格帯の商品です。金銭的にゆとりのある方なら、おそらくもっと高額なシェーバーを検討するでしょう。今回のシェーバーは、「性能が良いものがほしいけれど、なかなか高くて買えない」と思っている男性の方が、ターゲットに近いはずです。あるいは、「いいシェーバーを買ってあげたいけど、老後が心配で、予算はできるだけ低く抑えたい」と考えていらっしゃる女性も想像できませんか？

ほら、こうして考えていくと、より具体的にターゲットが絞り込まれてきましたよね。ですから、商品ナビシートの一番上に、このターゲットが決してブレないように、できるだけ具体的な生活の様子をイメージできる書き方で、お客様の姿をより鮮明に描き出してください。その方に向かって話しかけるのです。そして、曜日や時間によって、お客様の姿を使い分けてください。

4 どんなメッセージで売るのか

■目の前のお客様に話しかける

具体的なターゲットが想像できたら、言葉のチョイスはとてもしやすくなります。お店で商品を販売する場合には、想像しなくても目の前にお客様がいらっしゃるので、そのお客様に合わせた言葉のチョイスを無意識のうちにやっています。

ところが、お客様が見えないところで話しているテレビ通販やライブコマースのMCは、狙ったターゲットが求めていないメッセージを言葉にしてしまいがちです。その場合、商品がお客様のニーズに合わず、魅力がまったく伝わらないという、私の最初の売れないテレビ通販と同じ結果になってしまいます。

■一番伝えたいメッセージはできるだけ短く

では、ターゲットごとにどんなメッセージが心に刺さるのかを、より具体的な言葉で探していきましょう。ここで大事なのは、どんなに長くても20秒以内の、簡潔なメッセージであることです。長すぎはいけません。

例えば70歳の高齢者の方にこの電動シェーバーを説明するときに、「日本の国内メーカーが開発した4枚刃の付いたシェーバーでね。一つひとつの刃が浮き沈みして密着感もいいし、防水設計だから水洗いもできるし、お風呂場に持って入って泡剃りもできるし、今なら替え刃も付いてきて、長く使えるからお買い得だよ」と、長々と話しても、結局何がすごいのかは伝わりません。

細かい説明はあとからする、と割り切って、思い切って「すごく性能のいいシェーバーが今だけすごく安く買えるよ」と、ほんの5秒くらいのメッセージに置き換えたらどうでしょう。一番伝えたいことは、この短さの中でもしっかり伝わりませんか？

私はこの一番伝えたい部分の簡潔なメッセージのことを「軸」と呼んでいて、ターゲットが決まったら、この軸のメッセージが最初から最後までブレないように意識して、商品を説明しています。

これも髙田明氏の完コピから学んだことです。

髙田明氏の商品紹介のあとには、お客様の中にしっかりメッセージの印象が残ります。それは、軸にあたるメッセージが5分間で何度も出てくるからです。売れなかった私の説明は、商品の機能の情報だけで、「いいのはわかるけど買いたいとは思わない」という、お客様にとってはどうでもいい時間でしかありませんでした。髙田明氏がしゃべると、その商品がなぜかほしくなるのは、この軸がわかりやすく、しかも、ターゲットの心にしっかり刺さっていたからなのです。

■軸を意識すると、どの訴求ポイントが大切なのかが見えてくる

働き盛りの男性が家庭にいる女性をメインターゲットにすると、軸となるメッセージは「毎日使えるちょっといいシェーバーは、贈った方に毎日喜んでもらえますよ」となりますし、現役バリバリのビジネスマンに向けると、「忙しい朝は剃り味抜群のシェーバーで爽快にスタートしませんか？」となります。

となれば、先ほど、使える訴求を整理しましたが、今度はその一つひとつを説明する中で、「このターゲットにこの機能を説明するなら、こんな言葉」というふうに、言葉の選択も変わってきます。

女性に説明するときに、網刃がどうの、トリマー刃がどうのという説明はあまり有効ではありません。説明の順番と重きを置くポイントも当然変わってくるでしょう。だからターゲットを初めに決めることは、本当に大切なのです。

5 一番伝えたい内容は最後にとっておく

■訴求の中で決め手になるもの＝武器

さあ、ここでいくつかある訴求ポイントを、どういう順番で並べるのが一番効果的なのかを考えてみましょう。

髙田明氏のしゃべりの分析で、**一番強い訴求ポイントを最後に持ってくるのが良い**という解説をしましたが、「本当？」と思っている方もいるでしょう。

では、身近な例で検証します。彼氏のいない福田さんという知り合いの女性に、私の職場の後輩中村くんを紹介するとしましょう。福田さんから「その中村くんって後輩はどんな人？」と聞かれて、私はこう答えます。

「中村くんは、すごく仕事熱心で上司からも信頼されているし、友達もいっぱいいて、誰からも好かれる性格だよ。モテるから女性関係もいろいろあったみたいだけどね」

さあ、この説明を聞いて頭の中に一番強く残った中村くんはどんな男性ですか？　「女性関係もいろいろあった」中村くんの姿を想像していませんか？

では、同じ内容で順番だけを変えてみます。

「中村くんはモテるから女性関係もいろいろあったみたいだけど、友達もすごく多くて誰からも好かれる性格だよ。仕事も熱心で、上司からも信頼されているよ」

どうですか？　中村くんの姿が「すごく信頼される」頼もしい存在に感じられませんか？　**人は最後に聞いた情報が一番頭に残りやすい**のです。

つまり、商品の魅力を3つ並べるときに、ついつい一番強い特長を最初に持っていきがちなのですが、最後に残すことで、伝えたい内容がきちんと印象に残ります。この**頭の中に一番残したい最も強い訴求**を本書では**「武器」**と呼びます。

■価格に近いところで武器を使う

では、シェーバーの例に当てはめて、武器を選んでいきましょう。①4枚刃搭載の高級モデル、②上下に動くサスペンション構造（フローティング構造ではわかりにくいので、なじみのいい言葉に変換）、③防水設計でお手入れ簡単、④6000円の替え刃セットのうち、一番強く「ほしい」に結び付く訴求ポイントはどれでしょう。

もちろん、ターゲットによって感じ方の差はあるのでしょうが、ここでは誰が聞いても一番強烈な武器があります。そう、④6000円の替え刃セットです。

今回のシェーバーは、9980円ですから6000円の替え刃の金額を引くと、実質本体が3980円で買える計算になります。でも、よく見ると、本体にも6000円の刃が最初から付いています。刃の値段だけで1万2000円してもおかしくないのに、全部で9980円と考えたら、もう計算が合わなくなりますよね。

それくらいお得なお買い物になるわけですから、今回はこの④6000円の替え刃セットを武器とします。

でも、まだセールストークにはいきません。ここからさらに安く感じさせるためのテクニックがあるのです。

6 上売価《うえばいか》の段階で安いと思わせる

■「上売価↓下売価《したばいか》↓セット価格」で安さを演出

今回のシェーバーに限らず、一般的なテレビ通販の例でいうと、商品には最初に見せる上売価と、最終的にお客様に買っていただく下売価の2つが存在します。

本来1万5980円のシェーバーを、期間限定のキャンペーンで、今だけ6000円安く買えて9980円というような出し方です。1万円を切るとお客様の心理としては「へえ、安いなあ」と感じていただける確率はずいぶん高くなります。

さらに、「安いなあ」と思ったお客様の背中を「ドン!」と押すのが「今ならさらに6000円の替え刃もセット」といった、「セット価格」です。お客様は勝手に頭の中で、6000円引きと6000円の替え刃の値段を足して「今なら1万2000円も安く買えるのか」と計算してくれますので、替え刃セットの9980円を「めっちゃくちゃ安い!」と感じるのです。

■上売価発表までの価値の積み上げが大事

では、どんな商品紹介でもこの理屈が成り立つか、というと、そうでもありません。実際に私のデビュー当時の商品紹介ではまったく売れませんでしたから……。

なぜなら、人は価値のないものにはお金を払いません。特にシェーバーは、家電量販店に行けば2000円くらいのものも並んでいますので、それと同じだと思われてしまっては、どんなに安くしても、セット品が付いたとしても、買ってはもらえないのです。

要は、最初に上売価が発表されるまでに、その商品が「良いもの」であると、ちゃんと理解されていることが大事なのです。そのために、武器以外の訴求も大事だということです。当時、私たちはこれを**「価格までの価値の積み上げ」**と表現していました。

■「価値を積み上げる」とは

では、どんな説明でも価値が積み上がるかというと、ここにもまた工夫が必要です。よく陥りがちなのが、性能がいかに詰まっているかを説明して、積み上がったと思ってしまう誤解です。なぜなら、どんなにいい性能が備わっていたとしても、お客様が必要でなければ、そこに価値を見出せないからです。

ですから、できるだけ説明に入る前に「今、お使いのシェーバー、どうですか？快適に使えていますか？　剃ったあとヒリヒリしてませんか？　髭を巻き込んで痛い痛いってなっていませんか？」などのありがちな悩みを問いかけます。すると、お客様は、「確かに最近それ、あるある」と思わず聞き入ってしまいます。

そして説明を進める中で、「このシェーバーは4枚刃ですから肌への刺激が少なく、あっという間に剃り上げます。しかも、お肌を傷めずに深剃りまでできるんです」と、先ほど投げかけた「あるある」を解消するのです。

聞いている人は、頭の中で「今の悩みを解消してくれるのかあ」と、想像しますので、そこに買う「価値」が生まれます。商品の価値は売り手側が決めるのではなく、お客様が感じ取るものなのです。あとは、そのほしくなった気持ちと価格とのバランスさえ整えば、自然とお客様は電話を手に取って、商品をお買い上げくださるのです。

7 値引き・下取りで「安い！」となる仕掛け

■価値が積み上がったあとで生きてくる仕掛け

多くのテレビ通販が、上売価を出したあとで「今ならキャンペーン価格」「放送終了後30分以内にお電話いただいたらこの価格」など、信じられないほどの値引き価格で「安い！」と思わせる仕掛けをしています。中には2万円ほどの商品を、「今だけ1980円」などと10分の1以下にしてしまうものも見受けられます。

よくよく説明を聞いてみたら1回目の注文だけが1980円で、2回目以降は9980円などという詐欺まがいの宣伝もありますので、注意が必要です。

一度この手法に乗っかって買い物をしてしまった経験のあるお客様は、「二度と騙されないぞ」という思いがありますから、10分の1以下の値段が出てきた途端に、「怪しい」と警戒感が強まって、「絶対に注文しないぞ」と心を閉ざしてしまいます。

私がいた当時のジャパネットたかたの場合、販売価格を上売価の半額以下にすることはめったにありませんでした。もちろん、例外もないわけではありませんが、極端な割引をする場合には、社長会議で決裁をもらう必要があるなど、価格の表現は厳重に管理されていました。それは会社のイメージや信用に関わるからです。

それでも「安い」と感じさせるには、上売価の段階で「結構安い」と思わせる工夫をする必要があります。その工夫をすれば、そこから少し値段を下げるだけで、かなり安く感じてもらえるのです。

■大事にしてきた「下取り」

さらには、「下取り値引きサービス」という高田明前社長時代からの伝家《でんか》の宝刀です。最近の家電は優秀なので、なかなか壊れません。エアコンだって冷蔵庫だって使おうと思えば20年でも使えます。けれども、家電の世界は日進月歩なので、少し古いと消費電力が大きかったり、音が大きかったりして、快適な生活が送れない場合もあるのです。

ですから、「どうしようかなあ、買いたいけど処分が面倒だなあ」と感じているお客様の背中を押すために「下取り」して、下取り価格分の値下げをした上に、新しい商品をお届けしたタイミングで古い家電を引き取るという便利なサービスを続けています。特に家電リサイクル法が施行されてからは、大型家電の処分はとても面倒になりました。自分で処分しようとするとリサイクル券を買ってきて、引き取り業者に連絡をして、決められた日にそれを渡してと、いくつもの手続きが必要になります。

下取りサービスを利用すると、その面倒な手続きがなく、商品を1回で入れ替えることができるので、お客様にとても喜ばれているサービスなのです。これがあることで、ジャパネットたかたを指名買いするお客様も多いのです。

下取り自体は、昔から車を買い替える際に一般的に行われてきた制度なので、目新しいわけではないのですが、それを家電に応用するという目の付け所が髙田明流なのです。最近では、スーツを下取りして数千円の割引券と交換し、集客のアイテムとして活用する紳士服チェーンも出てきました。値引きをしてしまうと商品の市場価格に影響を与えてしまい、商品の価値そのものを引き下げてしまうおそれがありますが、下取りなら商品の価値はそのままに、お客様にお得に提供できるメリットがあります。また、企業ブランディング戦略として、古着を回収して、新しい繊維の素材としてリサイクルする会社も増えてきましたので、これからはジャンルを超えて、下取りや無料回収は大事なキーワードになります。

■値引きが先か、セット品が先か

下売価をさらに安く感じさせるための手法として、セット品を紹介するタイミングの工夫もあります。

再びシェーバーの例で考えてみましょう。この商品は、替え刃が付いて1万5980円ですが、値引きして9980円で買えるという価格設定になっています。

このままの説明でも安く感じる人もいるでしょうが、さらに次のような表現をしたらどうでしょうか?

「1万5980円の高級シェーバーを、今回は6000円引きして特別セット価格9980円にします。さらに今だけ6000円の替え刃も特別セットになるんです」と。

つまり、一度、シェーバー本体だけで9980円であるとイメージしてもらったあとに、「セット品が付いての価格ですよ」と認識してもらうと安く感じるのです(景品表示法の総付け景品は本体価格の20%までと制限されていますので、今回はあくまでもセット価格であることは正しく表現してください)。

かつてノートパソコンが飛ぶように売れていたときは、下売価を紹介したあとに、「プリンターも付けます。CD-Rも付けます。ケーブルも用紙も付けます。はがき専用ソフトもウイルス対策ソフトも付けます」と、セット品がどんどん出てくる演出をしていたことがありました。最終的にテーブルに並びきれないくらいの商品を見せて、「これ全部で、9万9800円です」といわれると、とても安く感じます。

今ではそこまでの演出は少なくなりましたが、いずれにせよ、下売価を出したあとに、セット品や付属品を説明する演出は今でも健在です。「今なら同じ商品をさらにもう一つセットで」などと演出している他社ショッピングのケースも同じです。

■フリーダイヤルを出すタイミングも大切

最近のテレビ通販は、画面の右上か左上にずっとフリーダイヤルが表示されていることが多いのですが、商品紹介がスタートした直後に電話をかける人はいませんので、ほとんど意味がありません。毎日テレビ通販を楽しみに御覧いただいていて、「次に出てきたときに買おう」と思っているお客様くらいのものです。

5分間のショッピングの中で、フリーダイヤルが最も大事なのはやはり、「上売価→下売価→セット品」の直後です。これは間違いありません。でも、これだけだとお客様の半分しか電話をかけてくれません。

セット品まで聞いて「安いなあ」と感じているお客様のほかに、「どうしようかなあ」と迷っている方がまだ相当数いることを忘れないでください。買い替えたばっかりだから迷っている人、給料日がまだ先だからと迷っている人、理由はさまざまです。

ですから、1回目のフリーダイヤルのあとは、わかりやすい言葉でいうと「説得」に入ります。今回を逃すと当分安くならないこと、次のキャンペーンでは新商品になって値上がりするかもしれないことなど、「今、買っておくべき理由」を挙げて背中を押すことで、お客様の心理は「じゃあ、今、買っておこうか」と徐々に傾いていきます。

ひとしきり後押ししたあとに、もう一度フリーダイヤルを大きく表示することで、一気に多くのお客様からお電話がいただけるのです。

もちろん1回目のフリーダイヤル表示のあとは、画面の右上に常時小さなフリーダイヤルが表示されます。でも、最後にもう一度大きくフリーダイヤルを表示することが大事なのです。

インターネットのライブ配信の場合は、画面に表示するのはなかなか難しいので、「画面右下の概要欄をクリックしてね」と購入方法への導線を大きなジェスチャーで教えてあげてください。

あくまでも「ほしい」と思った直後であることが重要です。まだほしくもないのに執拗《しつよう》に「概要欄」に誘導されると、うるさく感じる方も多いので、タイミングは本当に大切です。

また、対面での接客の場合、それまで立ち話をしていたお客様を、このタイミングで席へ案内すると、話がまとまりやすくなります。ほしい気持ちが強いと、なかなか席を立ちにくくなるので、契約成立までは腰を据えて話を進めることができます。

■背中を押す最終の手段＝分割

お給料日までまだ数日ある、ボーナスの使い道がもうすでに決まっているという方の背中を押す最終の手段として、「分割の金利・手数料は当社が負担します」というフレーズのもとに、分割払いをすすめます。月々のお支払いを2000円とか3000円に抑えることができますから、お客様の心理的・経済的負担はとても軽くなります。現金一括で買っても、分割払いで買っても、トータルの支払い総額が変わらないのであれば、分割にしておこうか、という心理が働くのです。

このサービスは、ジャパネットたかたが長崎の小さなカメラ店だった頃から続けている高田明氏のこだわりです。

聞いたところでは当時、流行り始めていたソニー製のハンディカムの訪問販売で家庭を回っているとき、カメラの映像をテレビモニターに出しながら説明をしていると、そこにその家の子どもたちが映し出されるのを見て、まるでわが子がスターになったような気持ちになって、ほとんどのお客様が「ほしい」とおっしゃったそうです。ただ、さすがに20万円を超える商品を現金一括では、なかなかお買い上げにまで至らないという悩みがありました。そこで生まれたのが分割払いの「金利・手数料負担」です。30回の分割払いともなると、さすがに金利はばかになりません。ですので、お客様に代わって負担することで、即決するお客様が一気に増えたのです。

対面販売の場合だと、最近はキャッシュレスでQRコード決済や交通系ICカード決済、クレジットカード払いなど多彩な支払い方法があるので、お客様が判断に迷いそうになったら「今なら○○ペイだと10％分ポイントが返ってきますよ」などと話せるように、お得なキャンペーン情報に敏感になっておくことも重要です。

お客様が「ほしい」という気持ちになっている背中をそっと押してあげてください。商品の説明だけではなくて、買いたい気持ちの後押しまでが一連のサービスです。

8 商品ナビシートをもとにしゃべってみよう

■流れを明確にビジュアル化

ここまで説明した分析内容を商品ナビシートにまとめてみると、このシェーバーの場合、次ページのようになります。

ここでは、定年後のシニア男性をメインターゲットにします。

軸になるメッセージは「年金でも買えるくらいのお値段なのに、性能抜群のシェーバーが今だけとってもお買い得ですよ」にしました。テレビ通販であることを前提に、デザインの高級感の説明は簡単に済ませて、画面を見て感じとっていただければヨシとします。

では、実際のセールストークを書き出してみますので、通販キャスターになったつもりで声に出して、しゃべってみてください。

小分類❶から⑯までが全部入っていますよ。

商品ナビシート

商品名	電動シェーバー　エスブレード
型式	RM-FJ21　R

価格	セット価格15,980円→9,980円
分割	一括払いのみ

ターゲット	定年退職して年金暮らしのシニア男性
軸	年金でも買えるくらいのお値段なのに、 性能抜群のシェーバーが今だけとってもお買い得ですよ

大分類	%	中分類	小分類
高級感溢れるシェーバーが今だけ安い	30	人間工学に基づいたデザインが素敵	❶メタリックなデザインで高級感
			❷手にもよくなじむデザイン
		国内ブランド	❸信頼の国内メーカー
			❹シェーバーでは定評のある○○
		期間限定で安い	❺買い替えのきっかけに
高性能で使い勝手も抜群	30	（まず）何といっても４枚刃	❻一度に４つの仕事をするから忙しい朝にぴったり
			❼触れる面積が広いから肌にも優しい
		（さらに）使いやすい構造	❽あごラインにフィット
			❾櫛状の刃が寝ている髭も起こしてカット
		（しかも）防水性能がすごい	❿防水だからお手入れが簡単
			⓫お風呂場で使える
			⓬Ｔ字カミソリのように泡剃りもできる
替え刃までセットで破格値	40	今ならセットでお得	⓭セット価格15,980円が今なら9,980円
			⓮6,000円の替え刃付き
		注文方法の案内	⓯0120-○○○-○○○
		３年使える	⓰１年半＋１年半で３年使えてこの価格

■電気シェーバーのシナリオ例（テレビ通販風）

だいぶ暖かくなって春めいた陽気の日も増えてきましたね。外にお出かけしたくなる季節です。となれば男性のみなさん、身だしなみも大事ですよね。そこで今日は男性のみなさまへ電動シェーバーをご紹介させていただきます。今お持ちのシェーバーはもうどれくらい使っていらっしゃいますか？　買った当時はよく剃れていたのに、最近は肌がひりつくとか、ときどき髭を巻き込んでしまうなんてことありませんか？　今回ご紹介するのは、今月出たばかりの「電動シェーバー　エスブレード」。ピカピカの新商品です。

❶この光沢感が伝わってますか～。高級感ありますでしょ。❷手にフィットするデザインもよく考えられています。

❸なぜならあの一流メーカー〇〇が作った新商品なんです。❹シェーバーでは定評のあるブランドですからせっかく買うならこれくらいいいモノをお手になさってください。

今回期間限定3月1日から4月30日まで、信じられない大特価になっていますので❺ぜひ今日は、シェーバーを買い替えるきっかけになさってくださいね。

中分類	人間工学に基づいたデザインが素敵	国内ブランド	期間限定で安い
大分類	高級感溢れるシェーバーが今だけ安い		

では、どれくらい性能がすごいシェーバーなのかご説明していきます。まず、この先端を見てください。「ドン！」と4枚刃なんです。シェーバーはこの刃の枚数で性能が想像できます。2枚刃よりも3枚刃、3枚刃よりもやはり4枚刃ですよね。しかもそれぞれ役割が違うんです。❻1回の動きで同時に4つの仕事をこなしますから、忙しい朝でも短時間であっという間に剃り上げます。❼面積も広いので、肌にも優しいですし、さらに、見てください。この4つの刃が全部、浮き沈みするサスペンション構造になっているんです。

なぜなら人のあごの形って意外と複雑で、出っ張っているところもあれば凹んでいるところもあって、特にあごの下のあたりは皮膚も柔らかいですから、剃り残しがちですよね。みなさんは、剃り残さないようにとあっちの皮膚を引っ張ってみたり、あんな顔したりこんな顔したり、鏡の前で悪戦苦闘なさっていませんか？

でもこのシェーバーなら、❽複雑なあごのラインに合わせてシェーバーが形を変えてピタっと密着しますので、軽く当てているだけで、剃り残しを徹底的に抑えることができるんです。すごいですよね。

さらにこの真ん中の刃、よーく見てください。❾櫛状のギザギザになっているのがおわかりいただけますか？　この刃がすごいんです。曲がった髭を1本1本

使いやすい構造	何といっても4枚刃
高性能で使い勝手も抜群	

この櫛状の刃で起こしながらカットしますので、癖髭がひどいという方にもおすすめのシェーバーなんです。心強いでしょ？

しかも、剃り終わったあとのお手入れもちゃんと考えられています。よく小さなブラシで、ちょこちょこっと髭くずを落としていらっしゃると思うんですが、それだけじゃ皮脂汚れまでは取れませんでしょ？　ですからこのシェーバーは、❿何と水で洗えるんです。電源を入れたまま水の中で軽く振っていただくだけで、髭くずも皮脂汚れもあっという間にきれいになって、毎日清潔にお使いいただけます。

つまり、このシェーバーは⓫防水設計ですので、そのままお風呂場でも使えます。お風呂のついでに髭を剃るという方は、どうしてもT字カミソリになりがちです。でもこのシェーバーなら、⓬お顔に泡をいっぱいつけた状態でそのまま電動で剃り上げることができるんです。忙しい朝にもぴったりでしょ？

ただ、お値段はちょっと高そうですよね？　信頼の国内ブランドで4枚刃、サスペンションもついて防水設計ですから一体いくらなの？　ってなりますよね。それが何と今なら1万円台で買えるんです。税込みセット価格は1万5980円！　意外にお手頃でしょ？

ところが今は期間限定のキャンペーンですから、4月30日まではここから何と

トでお得	防水性能がすごい	使いやすい構造
	高性能で使い勝手も抜群	

⓭6000円引きいたしまして、ついに1万円を切ります。特別セット価格9980円！　これはかなり安いです。しかも、まだあるんです。シェーバーは使い続けるとだんだん剃り味が落ちてきて替え刃が必要になりますよね。4枚刃の替え刃は結構高いんです。これ、普通に6000円で売っています。でも⓮今回は特別に、この替え刃も一つセットにします。セットで最終価格は9980円なんです。6000円の替え刃セットですよ。

さあ、お電話ください。⓯フリーダイヤルです。0120－○○○－○○○、0120－○○○－○○○。

そろそろシェーバーを買い替えたいなあと思っていらっしゃったみなさん、これは本当にお値打ち価格です。⓰本体の刃で1年半、替え刃で1年半、優に3年は使えて9980円ですから1日あたり10円もしない計算ですもの。軸これでしたら年金暮らしだからと買い替えをあきらめる必要もないですよ。このお値段で4枚刃のちょっといいシェーバーが使えて、毎日ツルツルにできると考えたら、毎日の朝がちょっと楽しくなりますよね。

一日を爽快にスタートさせてくれるいい商品です。期間限定のキャンペーンですのでお早目に、0120－○○○－○○○でお待ちしています。

今ならセ	注文方法の案内	3年使える	注文方法の案内

替え刃までセットで破格値

■商品ナビシートの行間を埋めるもの

だいたい5分間で紹介できる内容でいうと、これくらいです。お気づきの通り、直接商品ナビシートの中に表現されていなかったことも、実際には言葉として発しています。ここがまた大事なポイントです。

実際にしゃべる上でのポイントについては、第4章で詳しくお伝えしますが、大事なのは、**「商品ナビシートは、あくまでも簡潔に書かれた地図である」**ということです。話があっちに飛んだり、こっちに戻ったりしないための道案内をしてくれるもので、ここにすべての要素を盛り込んでしまっては、逆に迷ってしまうことになりかねません。

あなたもドライブしているときに、青い道路案内標識で行き先を確認することがありますよね？　東京はまっすぐ、横浜は右、山梨は左、だけのシンプルな表示はわかりやすいですが、同じ青い看板の中に、川崎や埼玉、千葉まで入ってくると、にわかに判別がしづらくなります。ですから、シンプルであることがまず大事なのです。

これをベースに、今日の天気や季節柄、卒業や入学、入社式などの社会行事のタイミングなどを入れ込んだ導入のトークを用意します。このタイミングで、この商品をなぜ紹介しているかの「今買う理由」付けですね。

そして、訴求ポイントと訴求ポイントの間をつなぐ大事な要素が「接続詞」です。この接続詞の選び方によって、価値の積み上げがちゃんとできる人と、積み上がらない人の差が生まれてくるといっても過言ではありませんので、接続詞のレパートリーを増やしておく必要もあります。

さらには価格、フリーダイヤルを一度ご案内したあとの、最後の一押しの言葉です。迷っているお客様を最後の最後にどんな言葉で説得するかは、センスが問われるところです。ここは何年、テレビ通販をやっていても本当に奥が深いので、第4章で詳しく説明します。

■対面販売のセールスシーンでは中分類が大事

対面販売では、商品ナビシートを見ながら接客というわけにいかないので、ある程度の説明の流れを覚えることも大切です。

そこで生きてくるのが中分類なのです。

小分類の細かい表現までは覚えられなくても、中分類くらいのボリュームは、少し練習すればすぐに頭に入ります。なので、この中分類の言葉だけを、簡潔な接続詞でつないでいくだけで、セールストークが成り立つように仕上げておくことをおすすめします。

先ほどの商品ナビシートを中分類だけで話すと、こうなります。

「見た目にも高級感のあるこの国内ブランドのシェーバーが、今だけ期間限定で安いんです。何といっても4枚刃ですし、それぞれの刃が浮き沈みする構造になっていて、さらに曲がった髭もとらえるんです。しかも、防水性能もすごいんですけど、お値段は期間限定で6000円引きで買えますし、今なら6000円の替え刃も付いてますから、3年は使えますよ」

これだけで、話が成立します。これくらいなら覚えられそうですよね。

対面販売のシーンでは、お客様も忙しいので、立ち止まってゆっくり説明を聞く時間はありません。そんなときに、この中分類だけまずはお話しして、興味を持ってもらえたら、席に案内するなりして、先ほどの5分間のトークのように、じっくり説明するとよいでしょう。

あとは、買う気持ちになったお客様は、いろいろ質問をぶつけてこられますので、それに丁寧に答えるだけで、納得してお買い上げいただけます。

このときも、出しゃばって説明しすぎないことを心がけてください。余計な情報は、お客様を混乱させて、「買おう」という決断を鈍らせるだけです。くれぐれも気をつけてください。

コラム❷

「ラジオボイスレコーダー」はなぜ売れた？

ＩＣレコーダーという商品は、ビジネスツールの一つとして会議の録音や、新聞記者の方の取材メモ用として使われている印象が強いですが、隠れたヒット商品でもあるのです。「ラジオボイスレコーダー」というラジオが聴ける上に高音質で録音ができるという商品ですが、買っていただいているのは、ビジネスパーソンではありません。

背景には、夫婦共働きの家庭が増えて、いわゆる「かぎっ子」と呼ばれる子どもたちが多くなりつつあるという社会情勢がありました。そこで、子どもたちに肉声でメッセージを残せるツールとして売り出したのです。「７時頃に帰るからおやつを食べて待っててね」とお母さんの肉声で優しく語りかけられる温かい商品として紹介すると、あっという間に人気商品になりました。

また、ご高齢の方には、「病院で先生の声を録音して家族に聞かせてあげてください」「明日の予定を寝る前に録音しておいたら翌朝忘れませんよ」と紹介すると、記憶力に自信がなくなってきた世代によく売れました。

これまで仕事で使うと思われていた商品が、新しい使い方の提案をしてあげることで、まったく想定されていなかったお客様に届き、市場が大きく広がったのです。

タブレットという斬新な商品が初めて登場したときは、「これはシニア向けの商品だ」と、キーボードが苦手な方に向けて、音声検索で簡単に調べものができる、老眼鏡を使わなくても大きな文字で新聞が読める、と若い世代を一切視野に入れない訴求で、あっという間にヒット商品になりました。

私たちは生きてきた経験が、固定観念として凝り固まっているリスクがあることを忘れてはいけません。商品が持っている特性を、もう一度見つめ直すことで、その商品の隠れた魅力を引き出せる可能性があることを忘れないでください。

第3章

商品ナビシートを応用してみよう

1 商品特性を理解してから取り掛かる

■買い替えサイクルで商品の売り方も変わる

一言で商品といっても、世の中に流通している商品には、いろいろなものがあります。毎日食べる食品を売るのと、たまにしか買わない車や家を売るのとでは、当然売り方も変わってきます。また、目に見えないサービス、例えば、保険や金融商品を売るのも、また独特の知識や言い回しが必要になります。さらには、健康食品など、薬機法（医薬品、医療機器等の品質、有効性及び安全性の確保等に関する法律）をはじめとする法律に違反しない表現の仕方など、細心の注意を払って紹介する必要があるものも少なくないのです。

あまり細かい分類をすると、きりがありませんので、本書では、お客様が購入される頻度で、商品を大きく3つに分類しています。

テレビやエアコン、冷蔵庫に洗濯機などは、一度買ったら次の買い替えは10年ほど先になりますよね。こういった商品を「単発購入商品」と呼んでいます。車やマンション、戸建て住宅なども、一度買ったら当分買い替えませんので、ここに含まれます。

一方で、化粧品や洗剤のように使いきったら買う、なくなったら買うような「反復購入商品」があります。ここには、旅行やコンサートなど、一度行ったらまた1年後に行きたいというような、ときどき利用したくなるサービスも含まれます。

3つ目に、毎月お届けする水や食材、健康食品などのいわゆるサブスクリプションの商品は「定期購入商品」と呼んでいます。ここには、スマホや電気などの毎月の支払いが発生する商品がすべてカテゴライズされます。

あなたが今、取り扱っている商品やサービスは、どの分類に入りますか？ ざっくりで構いませんので、どこかに入れてみてください。ときどき、迷うサービスもあります。例えば「学習塾は？ 人材派遣は？」という場合、毎月の月謝や給料が発生するので、「定期購入商品」で、「タクシーや電車、バスは？」という場合、ときどき使う人は「反復購入商品」、定期で乗る人は「定期購入商品」というように、何となくで構いません。

■単発購入商品で大事な売り方のポイント

単発購入商品を紹介する場合に心がける一番大事なことは、「今ある生活よりもちょっとだけ快適な未来」を提案することです。この商品が届いたあとの生活がいかに素敵なものに変わるかを、具体的な生活シーンに落として示してあげることで、一気にほしい商品に変わります。

エアコンを紹介するときは、「今より電気代がこんなに安くなります」とか「今よりお部屋の空気がこんなにきれいになります」など、今お部屋についているエアコンを取り替えるだけの付加価値があることを伝えてください。そのためには、今持っている商品よりも性能や使い勝手の面で、少しでも進化しているか、グレードが高くなっていることを伝える必要があります。

例えば、あなたも車を買い替えるときに、「今乗っている車よりも、グレードを落としたくない！」と思いませんか？　アパートやマンションのお部屋を探すときも、今住んでいる部屋よりも少し広くとか、少し駅に近くなど、良くなる方向へなら、前向きな検討ができませんか？　一度快適な生活を体験してしまうと、そこからレベルを落とせなくなるものです。今より幸せな生活が待っている、という素敵な提案を意識しましょう。

■反復購入商品で大事な売り方のポイント

数か月から数年おきに買い替えサイクルがめぐってくる反復購入商品では、2回目以降も継続してご注文いただくための工夫が大事です。皆さんは、洗濯洗剤や柔軟剤はいつも同じものを買っていますか？　お店に買いにいったタイミングでたまたまセールで安くなっていたという洗剤を買ってませんか？　ただ単に安いだけなら、他社でもっと安い商品が出たらすぐに浮気されてしまうものです。化粧品も、その典型的な例です。自分が使っている化粧品があったとしても、向こうの化粧品がちょっと良さそうに見えたら、ちょうどなくなったタイミングでそちらへ流されてしまいます。時には値段がちょっとくらい上がっても魅力的に感じたら、乗り換えてしまうのです。

その商品でなければならない「唯一無二」の理由がどこかしらにあることがリピート買いの一番強い動機になります。世界で唯一の美肌成分がこの化粧水には入っている、業界最高レベルの美白成分を配合しているなどがその動機になりますし、安売りしなくても継続購入していただけます。ただこれも半年くらい使ってみて効果が実感できなければ、結局は浮気されてしまいますので、本当にいいモノである必要があります。

ちょうど買い替えのタイミングで、割引クーポンのDMを出したり、3回目からは美容液のサンプルをつけたりといった戦略も必要です。お客様を飽きさせずに、次は何が届くのかしらというワクワクと一緒に商品をお届けすることが大事になります。

■定期購入商品で大事な売り方のポイント

一度契約したら数か月から数年間は、月額料金を払い続けるという商品は、最初に申し込みに至るハードルがとても高いカテゴリーです。なので、健康食品などほとんどのサブスクリプションの商品で、初回無料や初回半額などの特典を付けています。

しかし、本当に良いものでなければ簡単に途中解約されてしまいますし、良いものであっても適正な価格でなければ、数年間にわたって継続してもらえません。ですから、定期購入商品の一番の肝は、「良いものが適正な価格」であることです。

ただ、本当に気に入っていただけたら継続率が上がり、安定収益が見込めるので、経営的にも魅力があるのが定期購入商品です。ウォーターサーバーなど、長年にわたって契約を更新していただくサービスの多くは、固定ファンづくりにつながります。ウォーターサーバーをご契約いただいたお客様にほかの定期購入商品をおすすめすると、すんなりと乗り換えていただけるケースも少なくありません。継続型の商品はそれだけ信用につながる可能性を秘めていますので、商品そのものの魅力をお客様にちゃんとご理解いただき、納得して始めていただくことが大切です。

では、具体的なケースで売り方を考えてみましょう。

2

ケーススタディ

簡単便利な電気圧力鍋（単発購入商品）を売りたい

■家族のあり方が変わってきたからこそ生まれたアイディア商品

夫婦共働きの家庭が増え、男女問わず家事を分担して行う家庭が増えたからこそ、注目を浴びるキーワードが「時短」です。ロボット掃除機や食洗機などもそうですし、冷凍食品のバリエーションも家事の負担を減らしたいという願望からか進化が止まりません。そんな時間に追われる現代社会の中で、人気を集めているのが、これから考察する「電気圧力鍋」です。さあ、あなたならどんなしゃべりで、この商品をプレゼンしますか？　一緒に考えてみましょう。

■商品の特長を並べる

第2章と同じように、ここではまず商品の特長を思いつくままに列挙します。どんな小さなことでも構いません。どんどん書き出していきます。

・3合炊きの炊飯器くらいの大きさで場所を取らない
・容量は3リットルで家族3〜4人向き
・火を使わないから安心
・加圧して温度を上げるので短時間で料理ができる
・面倒な減圧処理なども全自動
・途中で混ぜたりひっくり返したりするのも不要
・煮込み料理も15分でできる
・豚の角煮もトロトロに柔らかく美味しくできる
・シフォンケーキも焼ける
・発酵機能もあるのでヨーグルトや味噌も作れる
・内鍋もパーツもすべて取り外して洗える
・メニュー200種類を掲載したレシピブック付き
・消費税込みで9980円でお求めやすい価格
・1年保証付き

■売りとなる武器を見つける

箇条書きにしただけでも、なんだか魅力的な商品に感じますよね。さらに、この商品の魅力を最大限に引き出すために、訴求ポイントの整理をしていきます。訴求力の強さの順に、使えそうなポイントを整理し、次の3点を柱とすることにしました。

①加圧・減圧も全自動
②煮込み料理がたった15分でできる
③デザートやヨーグルトも作れる

料理家電は出来上がった料理をいかに美味しそうに見せるかが、売りのポイントに直結するので、今回は実際にレシピブックの中から豚の角煮とブリ大根を作って、お客様にお見せすることにします。

でも、どうでしょう。第2章のシェーバーのように大幅値引きもなければ、替え刃のような豪華なセット品も付きません。武器という武器が見当たりません。

そこで今回③の「ヨーグルトも作れる」からヒントを得て、すごい計算をします。あなたはヨーグルトをスーパーなどで買っていませんか？　それが、400ccで2

00円だったとします。これを毎日買うと、1年で365個ですから7万3000円ですね。ところが、この商品なら1リットルの牛乳がそのまま1000ccのヨーグルトになります。わかりやすく牛乳も200円で計算すると、同じ金額で2・5倍の量が作れますから、年間2万9200円で済むことになります。つまり、9980円の商品を1回買ってしまえば、年間のヨーグルト代が、4万円以上もお得になるのです。

これをもとに商品ナビシートに落とし込むと、次ページのようになります。

■ターゲットを絞り込んで軸を決める

この商品は、どんな方に一番ほしいと思っていただけるでしょうか？　ほったらかしで料理ができますから、夫婦共働きで家事を分担しながら頑張る子育て世代夫婦が間違いなく一番に上がります。あるいは働いていなくても、毎日を子育てに追われて、なかなか料理に手が回らない専業主婦もほしい商品でしょう。ここではメッセージがブレないように、子育てをしながら働く女性にターゲットを絞りましょう。

軸となるメッセージは、いつも忙しくてついつい手抜きになりがちな働く女性のハートを掴みたいので、「ほったらかしで、しかも短時間でこんなに美味しく一品作れるんですよ」にしました。

商品ナビシート

商品名	電気圧力鍋
型式	SIRO-H3023

価格	9,980円（送料別）
分割	一括払いのみ

ターゲット	子育てと仕事と家事を全部頑張る女性
軸	ほったらかしで、しかも短時間でこんなに美味しく一品作れるんですよ

大分類	%	中分類	小分類
忙しい人にお料理上手でコンパクトな味方	20	忙しい人の強い味方	❶仕事も家事も子育ても頑張るパパ、ママが増えている
			❷お任せで短時間で料理ができる夢のような商品
		見た目スッキリ・容量たっぷり	❸場所も取らずキッチンがスッキリ
			❹大きさはやや小さめの炊飯器くらい
			❺容量は３リットルあるので家族３人分しっかり作れる
性能がぎっしり手間いらず	40	（とにかく）加圧・減圧も全自動	❻実演：ブリ大根を作ってみましょう
			❼使い方は簡単。材料を入れてタイマーを設定するだけ
			❽加圧も減圧もコツいらず
		（だから）煮込み料理が15分でできる	❾たった15分でブリ大根が完成
			❿しみしみの美味しい料理がたった15分で
		（しかも）実はヨーグルトも作れる	⓫ヨーグルトや味噌・発酵食品も作れる
			⓬何ならシフォンケーキだって焼けちゃう
値段は手軽で3か月で元が取れる	40	お値段は１万円以下	⓭こんなに便利で税込み9,980円＋送料
			⓮しかもレシピブック付き
		すぐに元が取れる	⓯毎日ヨーグルトを買うよりお得（年間で４万円以上）
		注文方法の案内	⓰フリーダイヤル0120−〇〇〇−〇〇〇

■商品ナビシートをもとにした実際のトーク例（テレビ通販風）

さて、子育てに対する支援のあり方もだいぶ変わってきましたよね。最近は時短勤務を採用する会社なども増えてきていますから、❶男性も女性も子育てしながら働きやすい環境が少しずつ整いつつあります。

とはいえ、仕事で疲れて家に帰ってから、「さあ、今夜のご飯は何を作ろうか」と、毎日、頭を抱えていらっしゃる方も多いんじゃないですか？　本当は手の込んだ煮込み料理を作りたいけど、時間がなくてついつい炒め物が多くなってしまう、今日も冷凍食品のお世話になってしまったという日も少なくないかもしれませんね。

そこで今日は、そんな働くパパやママの強い味方「電気圧力鍋」をご紹介いたします。圧力鍋はみなさんご存じですよね？　でも、お料理初心者の方が使うにはちょっとハードルが高いイメージありませんか？　途中でシューって蒸気を出して減圧したりして、中にはちょっと怖いって思っている方もいらっしゃるかもしれません。

でも、ご安心ください。手間は一切要りません。❷みなさんがすることは材料

中分類　忙しい人の強い味方

大分類　忙しい人にお料理上手でコンパクトな味方

と調味料を入れて、タイマーをセットするだけで、あとは全部、自動でやってくれるという優れものなんです。

しかも、❸見た目もスッキリでしょ？　場所を取りません。❹だいたい3合炊きの炊飯器くらいのスペースがあれば置いていただけますし、❺こんなにコンパクトなのに容量はたっぷり3リットルありますので、家族3人から4人前を、一度に作っていただけるんですよ。

では論より証拠、今日は実際に使いながら説明していきますね。❻煮込み料理の「ブリ大根」を作ります。こちらに大根を適当な大きさにカットしたものを入れます。ブリも食べやすい大きさにカットして入れますね。あとはお醤油、お酒、みりんをそれぞれ入れてください。お好みでショウガを入れてもいいですね。この状態でふたをして、加圧時間を15分で設定します。あとは❼スタートボタンをピッと押すだけ。はい、これでおしまいです。火加減調整は要りません。途中で触る必要もありません。

❽コツのいる加圧・減圧も全部自動でやってくれるので、その間に、お皿の準備をしたり、何ならもう一品作れるくらいの時間もありますよ。コンロをふさがずに煮込み料理ができるので、この間に卵焼きなんか作れそうですよね。

	見た目スッキリ・容量たっぷり	加圧・減圧も全自動
		性能がぎっしり手間いらず

では今日は❾15分前にセットしておいたブリ大根がありますので、こちらを開けてみますね。はい、オープン！　うわあ、大根を見てください。❿しっかりしみてますね、お皿に盛りつけてみますよ。どうです？　とても15分で作ったとは思えないくらいの出来栄えでしょ。材料を入れて、タイマーをセットしただけですよ。これなら、誰だって作れてしまいますよね。

カレーだって15分、ポトフなら10分、肉じゃがなら5分でできますからね。

軸今まで忙しくて、なかなかゆっくり作れなかった煮込み料理が、毎晩食卓に上がるって考えたらいかがです？　家族の喜ぶ顔が目に浮かびますね。

しかも、この商品、まだすごいことができるんです。火加減調整がすごく得意なので、⓫ヨーグルトが作れます。味噌だって作れます。さらには梅酒などの果実酒も作れるんです。優れものでしょ？　さらに週末ちょっと時間が取れたら、これでケーキ作りはいかがですか？　⓬シフォンケーキも焼けるんです。いいでしょ？

煮込み料理が短時間でしかも美味しくできて、ヨーグルトも作れて、ケーキも焼ける優れものとなったらお値段も相当高くなりそうですが、違うんです。⓭何とこれだけの性能なのに1万円しません。税込み9980円なんです。いかがです？

しかも、届いたらすぐに使えるように、使い方の説明書と一緒になった⓮レシ

お値段は 万円以下	実は ヨーグルトも 作れる	煮込み料理が15分でできる
	性能がぎっしり手間いらず	

ピブックもお付けします。お料理のレパートリーが広がりそうでしょ？

「どうしようかなあ」と迷っていらっしゃるみなさん、ではこんな計算どうでしょう。これでヨーグルトが作れますので、毎日ヨーグルトを買っていらっしゃるみなさんはすぐに元が取れます。例えば、200円のヨーグルトを365日買うと、1年で7万3000円をヨーグルト代に使っています。ヨーグルトの大きさって400ccぐらいですので、これを今日から手作りに置き換えます。牛乳1リットルで作ると、2・5日分が1回で作れますので、200円の牛乳だと年間3万円以下で作れることになります。

どうです？⑮今まで年間7万円以上払っていたヨーグルト代が3万円で済みますから、年間4万円もお得になるんですよ。たった9980円で、4万円お得になるって考えたら、3か月で元が取れますので、これは買っておいて損はありませんね。

しかも軸手作りヨーグルトとか、手作りケーキをお子さんに食べさせてあげられるわけですから、お金には代えられない価値があります。

ぜひぜひ、この機会に⑯フリーダイヤル0120－〇〇〇－〇〇〇でお待ちしています。

注文方法の案内	すぐに元が取れる

値段は手軽で3か月で元が取れる

■迷う気持ちを後押しする

どうです？　ほしくなっていただけましたか？

こういう単発購入商品は、いかに我が家に届いたあとに楽しい生活が待っているかを、具体的にイメージさせてあげることが大事です。「生活に落とし込む」というコンセプトで、そのためのメッセージを考えるのです。

共働き世代のパパやママの多くは、いつも家族に美味しいものを食べさせてあげたいのに、どこか手を抜いているようで申し訳ないという気持ちをいつも持っています。心のどこかに、もっと美味しいものを作りたいという気持ちがあるならば、それを満足させてあげられる商品を提案することで、「ほしい」「あったら便利そう」とイメージしていただけます。

ただ、価格を知ったあとには、必ず「どうしようかなあ、ほしいけど、出費は痛いなあ」と迷う時間が少なからずあるので、価格をいってすぐにフリーダイヤルを表示しても、なかなかお電話はいただけません。価格を知った上で、今買ったほうがよい理由、買っておいたほうがお得な理由を、もう一度理解してもらうことが大事です。

私はこれを、「背中を押してあげる」と表現しています。

ショッピングモールに洋服を買いに行ったところを想像してください。

気に入った洋服があって、値段を見るとちょうど予算ぴったりか、ちょっとオーバーくらいで買おうかどうか迷ったときに、友達から「似合うから絶対買ったほうがいいよ」といわれたら、心強くないですか？　「じゃあ買おう」と気持ちが押される感じがしませんか？

私は、価格のあとに必ず友達や家族がいうような背中を押してあげる一言を忘れないようにしています。

いかがですか？　商品ナビシートを使うことで、伝えたいポイントがブレずに、しかもほしいと思わせるしゃべり方につながるイメージを掴んでいただけましたか？

ただ1商品だけだと、なかなかすぐには難しいと思いますので、まだまだ具体的な商品を例に、考えていきますね。でもその前に、押さえておきたいいくつかの注意点がありますので、この続きは第5章で取り上げます。

コラム③

スチームアイロン「スチームQ」はなぜ売れた？

スチームアイロンが出始めの頃は、アイロンに水を供給するためのタンクとホースがつながっていて、決して使い勝手の良いものではありませんでした。アパレル関係のごく一部の人が仕事で使うアイテムという位置付けで、家電量販店でもほとんど見かけることはなかった商品でしたが、「スチームQ」の登場で、アイロン業界に激震が走ります。

それまでのアイロンのイメージを大きく変える細長いデザインで、本体に直接水を入れて、ハンディで使える手軽さがウケました。しかも、アイロンなのにアイロン台を使わずに、衣類をハンガーにかけたままの状態で、スチームをブシュっと吹きかけるだけで、シワが伸びていくのです。コートにブラウス、プリントのついたトレーナーからプリーツスカートまで、衣類の素材も気にせず使える点でも、それまでのアイロンの常識を覆す性能でした。私たちは10分間の生放送であらゆる素材の衣類をどんどん伸ばす実演を取り入れ、忙しい朝のお出かけ前にシワに気づいても、ほんの１分以内に伸ばしてしまうという夢のような商品として大ヒットさせました。便利だからというのも確かに売れた理由の一つではありますが、もう一つの理由は商品が生み出す価値にあるのです。

いろいろな家事の中でもアイロンがけは、嫌いだ、苦手だという人が多い家事の一つです。今までは家族全員分のアイロンがけに１時間かかっていたのが、10分程度で終わるとなったら、これはとても強い味方になります。この新しい「時間」を生み出せるアイテムには、お金には代えられない価値があるのです。

「時間」を生み出すアイテムとしてはロボット掃除機もそうですし、食洗器や、衣類乾燥機などがあります。これらの商品をお客様が手にされるのは、商品の便利さもさることながら、そこから得られる「時間」が大きな理由になります。新幹線でも十分速いのに、リニアモーターカーが計画されているのは、「時間」を買いたいと願う人が大勢いるからです。

「時間」には、多くの人にとって大きな価値があるのです。

第4章

話し手の
スキル向上のために

1 商品ナビシートからトークに変換するスキル

■声に出してどんどんしゃべる

完璧な「商品ナビシート」が完成したら、誰でもすぐに売れるようになるかというと、そんなに簡単なものではありません。

みなさんも、カーナビがあるから運転が上手になるわけではないですよね。カーナビは最短のルートを案内してはくれますが、自動運転ではないので、目的地までは信号に注意しながら、スピードの出しすぎに注意しながら、歩行者や自転車に注意しながら運転しなければならないのと同じで、しゃべりにもさまざまな注意点があります。

これからいろいろな注意点を細かく解説しますが、何はともあれ、商品ナビシートに慣れることが一番です。そのためには、必ず声に出してしゃべってみることです。

運転が上手になるために、机上学習だけをやっていては、上達しないのと同じです。まずは教習所のコースに出る、慣れてきたら路上教習、さらに慣れてきたら高速教習と、段階的に運転の訓練をする必要があります。

■周りの人を巻き込んで練習する

声を出さないしゃべりの練習には意味がないとはいいませんが、上達のスピードは遅くなります。周りに会社の同僚がいて恥ずかしい、家族が聞いているから恥ずかしいと最初は思ってしまいがちです。

でも、逆にそんな周りの人をどんどん協力者にしてください。

「ちょっとしゃべるから5分間だけ聞いてくれる?」と、お客様になってもらって、説明がちゃんと伝わったか、買いたい気持ちになったか、何が一番印象に残ったのか感想をもらうことで、商品ナビシートの狙い通りにしゃべれたかどうかの確認ができます。

私はジャパネットたかたのMC時代には、テレビでもラジオでも本番に臨むまでに、何度も何度も練習して、周りの同僚にしゃべりを聞いてもらっていました。本番前のリハーサルのときには、7割程度まで仕上がった状態に持っていき、最後の確認に臨みます。プロ野球の投手でも、投球練習は必ずしますよね。しゃべり手も同じです。前日までの練習がブルペンで、当日のリハーサルはマウンドでの直前の投球練習です。

肩が仕上がっていないピッチャーは、コントロールも変化球の切れも悪いですよね。プロの目からは「この人、練習していないな」というのが、しゃべりでもすぐわかります。

■100%の印象を残すには150%のパワーが必要

商品ナビシートの大分類の横に、パーセンテージが示してあります。第2章で軽く触れましたが、最終的にセールストークを聞いたお客様が、どの部分の印象を強く持ったか、お客様に印象を残したい割合を、この数字で表しています。

すごく性能がいいと感じたのか、とても価格が安いと感じたのか、期間限定で安いから今買わなきゃと思ったのか、その中で一番パーセンテージの大きいところの大分類のテーマが、そのままお客様に浸透していたら、そのしゃべりは大成功です。

ですから、商品ナビシートを作り上げる作業では、訴求をどんどん断捨離して必要な価値を積み上げる作業を中心に行ってきましたが、最終的にしゃべってみて、狙い通りの印象が残せていなかったら、今度は逆に、その大分類の印象を強めるための訴求ポイントを増やす、という作業が必要になります。

第3章で取り上げた電気圧力鍋を実際にテレビ通販で紹介した際、美味しく調理ができるという訴求ポイントをもっと伝えるために、テレビスタッフはビーフシチューのお肉が柔らかく煮込まれている様子を商品撮影して、〝シズル感〟を出しました。そして、生放送ではお箸でつまむと簡単にホロッと崩れる様子をアップで見せました。ヨーグルトがお得にできる訴求をわかりやすく伝えるために、1年間に食べるヨーグルトの量、400ミリリットルの容器365個をスタジオに全部並べて、わかりやすくお得感が伝わるような演出をしました。

そのほかにも、掃除機の吸引力をわかりやすく説明するために、重さ6キロのボウリング球を吸い上げて見せたりします。

こうしたテレビ通販の演出は過剰だと感じる方もいらっしゃるかもしれませんが、こうした演出が印象に残っているのだとしたら、制作者側の伝えたい意図が伝わっている証拠です。

あとは画面に合わせて、しゃべり手が最も的確な言葉で、そのすごさを表現できるかどうかです。言葉だけでは不十分ですから、大きな身振り手振りと、リアクションは欠かせません。ですから、テレビ通販時代の私のリハーサル風景は、本番さながらの声のトーンで、本番と同じようなリアクションで紹介していました。

なぜなら、それぐらい真剣に練習して、ようやく本番で伝わることを私たちMCは知っているからです。しゃべり手の思いを100%伝えるためには最低でも150%くらいのパワーと情熱で表現し伝える必要があります。

■アナウンサー出身のしゃべり手が売れないワケ

私がジャパネットたかたに転職して3年目の頃、佐世保市のスタジオにあの古舘伊知郎さんが訪れて、ショッピングに挑戦するという企画が全国ネットの番組で放送されました。

商品は布団クリーナー「レイコップ」。流暢な語り口で、さまざまに笑いの要素も入れながらさすがと思わせるしゃべりを披露していただいたのですが、結果は、通常のジャパネットたかたMCの半分ほどしか売れませんでした。

私が初めてテレビ通販でしゃべったときは、先輩MCの1割ほどしか売れなかったわけですから、それでもさすが古舘さんといわざるを得ませんが、なぜ、しゃべりのプロである古舘さんでも売れなかったのか、理由は明白です。

アナウンサーのしゃべりでは、商品の魅力は半分も伝わらないからです。

アナウンサーは美しい日本語で、丁寧にしゃべることを叩きこまれて仕事をこなすしゃべりのプロではあるのですが、そのしゃべりでは商品の魅力はなかなか伝わりません。

多くの擬音語を駆使して、大きな身振り手振りを入れながら、美しくはないけれど迫力のあるしゃべりをするMCが一番売れます。

「しゃべってるMCの声がうるさい」というお叱りをよくコールセンターにもいただくのですが、商品への思いが溢れて、ついつい声が大きくなってしまったり、気持ちが前のめりになりすぎて、時にはカメラに近づきすぎたりしてしまうのです。

商品ナビシートは、商品の魅力を伝えるための最短の方法を示した地図ではあるのですが、そこに気持ちを乗せてしゃべるという一番大事なエッセンスを欠いてしまったら、伝わるはずの魅力も、十分には伝わりません。台本がどんなに素晴らしくても、演じる役者によって、演技の中身の伝わり方がまったく違うのと同じです。

アナウンサーのしゃべりは、ショッピングの世界では棒読みといっても過言ではありません。大根役者にならないために、恥ずかしいという気持ちを一度捨て去って、あなたも一流俳優になり切って演技をしてみてください。

2 わかりやすい説明のための接続詞のスキル

■接続詞はしゃべりの交差点案内

優秀なカーナビの案内は、「次の信号を右手前方向です」とか「左側車線を走行してください」など、的確な説明で運転をサポートしてくれますよね。実はしゃべりにも、この道案内をわかりやすくするポイントがあります。

その最たる例が「接続詞」です。

中学生くらいの頃に、接続詞の種類として順接とか逆接があるということを習ったのを覚えていますか？　実は、ほかにもあと4つあって、合わせて6つの接続詞のカテゴリーがあるといわれています。ここでは、そんな文法的な話はさておき、どういう接続詞を使ったら、説明がわかりやすく、聞き取りやすくなるかを解説します。

接続詞は使い方一つで、話がとても聞きやすくなりますが、使い方を間違えると非常にわかりにくくしてしまう危険性も含んでいます。

交差点に差し掛かったら、この接続詞で、確実に最短コースへ導いて、目的地まで案内してあげる、というイメージです。

■難しい話を簡単にする接続詞

商品のスペックの説明に熱が入ってしまうと、ついつい技術的な話が長くなってしまいがちです。お客様が難しい話に飽きてしまわないように、これまでの話をまとめる、あるいは今説明したことが「どう」いいのかをまとめてあげる、そんな接続詞が説明をわかりやすくします。

「つまり」「要するに」「ということは」という3つの魔法の接続詞は、それまでの話を要約して、結論に持っていくためのショートカットキーだと思ってください。

この接続詞を出したあとは、長い説明は禁物です。講演の下手な人は「要するに」といったあとの説明が長すぎて、「要するに何がいいたいの?」と逆に質問したくなることがあります。

口癖のように「要はね」を使う上司が過去にいました。会議でも日常会話でも接続詞に「要はね」が出るものだから、同僚からは「あの人は結局、何がいいたいのかわからない」といわれていました。くれぐれも気をつけましょう。

■価値を積み上げる接続詞

テレビ通販の商品紹介は、価格の納得感を伝えるために、いかに価値を積み上げるかが大事になります。

「さらに」「しかも」「まだあります」は、価値を積み上げる魔法の言葉です。時には「さらにさらに」「しかもしかも」など重ねて使うことで、何だかすごーくお得な感じがする場合があります。

ただ、ここで注意しなければいけないのは、この言葉が出たあとには、前の説明よりも、もっと価値のある説明が必要ということです。イメージでいうと、「小↓中↓大」が理想です。これが「大↓中↓小」になってしまうと、結構ながっかり感が生まれてしまい、価値が積み上がるどころか、半減してしまう可能性もあります。

せめて、一つひとつの訴求ポイントを同じレベルの価値に高めて、「中↓中↓中」が実際は一番多いでしょう。これなら、この価値を積み上げる3つの魔法の言葉を駆使することで、しっかり価値が積み上がります。要らない情報を断捨離して、尖った訴求ポイントだけを残す商品ナビシートを組み立てましょう。

■できれば使いたくない逆接の接続詞

説明したことを打ち消す逆接の接続詞がいくつかあります。「でも」「しかし」「ところが」が、その代表例ですね。私もついつい使ってしまうのですが、意図的に有効に使うのが、実は難しい言葉でもあります。

「でも」という言葉が出たあとは、これまでの説明とは真逆のことが説明されるはずなのですが、多くの日本語の場合、補完的な説明であったり、より詳細な説明であったりすることが多く、逆接の言葉がなくても成立する場合が多いのです。

この逆接の言葉を使いたがる人は、口癖になっていることが多く、人と会話をしていても、あいづちの代わりに「でもさ」などが口をついて出てしまい、相手はいちいち自分の言葉が否定された感じがして嫌なものです。

紹介の中で「でも」という言葉を使ったら、前の内容を打ち消すことを説明してあげないと頭が混乱して、話の中身が入ってこなくなってしまいます。カーナビが交差点案内で紛らわしい説明をしたばっかりに、道に迷ってしまった経験が、みなさんにもありますよね。そうならないためには、逆接表現をできるだけ使わずに、価値を積み上げることを意識した説明を心がけることをおすすめします。

■上手な道案内のための言葉

話が上手な人は、聞き手側が頭の中を整理しやすいように、上手に導いてあげる言葉の引き出しをたくさん持っています。例えば「今日は大事なポイントが3つありますよ。まず、……次に、……、そして最後に、……」などと説明されると、すんなり頭の中が整理できます。

これ以外にも「では説明に入りますよ」「ここまでいいですか?」「おわかりいただけましたか?」などの確認が、聞き手を道案内するための言葉です。

第1章でも紹介したように、ジャパネットたかたの前社長である髙田明氏は、この道案内がとても上手です。小さなカメラ店当時、デジタルカメラの使い方の説明を年配のお客様にもわかるように、手取り足取り行っていたその経験が生きているといいます。接客の中で、お客様の反応を見て理解度を確かめながら説明を続けていかないと、せっかく買っていただいたカメラが宝の持ち腐れになってしまいます。

「いいですか」「すごいでしょ」「ここ見てください、ここ」「よくできてますねえ」と一度確認する言葉を挟んでから、「まだあるんです」と説明が続きます。

お客様を置き去りにしないで引き込んでいくために、お客様を初めての場所に道案内するつもりで言葉をつなぐ意識で話をしてくださいね。

3 お客様との距離を近づける言葉のスキル

■ほどよい丁寧な言葉で距離が縮まる

「ソーシャルディスタンス」という言葉は、新型コロナが猛威を振るう中で頻繁に使われ続けて、今では誰もが理解できる日本語として定着しました。実は、言葉にもソーシャルディスタンスがあります。

接客の仕事をしている方は特に、お客様に対する言葉をどの程度「丁寧」にしたらよいのか、悩まれた経験はありませんか？　あまり丁寧すぎると、よそよそしいですし、友達と話すような馴れ馴れしい言葉だと、失礼な印象を与えかねません。

私がよく利用させていただいている美容室でも、人気のある美容師の方は、この言葉の選択が実に絶妙です。初対面の瞬間はある程度、丁寧な言葉で失礼のないように「今日はどうなさいますか？」とお客様の要望を詳しく聞き取って作業を開始します。カットが始まると、雑談の中で徐々に距離を近づけていって、最終的にブローが終わる頃には、友達のような距離感までぐっと近づいているのです。これにより、お客様は「今日は良い美容師さんと出会えた」という印象が残るので、「また次に来店したときにも指名しよう」と思うのです。もちろん、リクエスト通りの仕上がりになっていることは大前提ですが。

では、この美容師の方が、最終的に家族や友達に使うような「ため語」でしゃべっているかというと、そうでもありません。しっかり敬語は使いつつも、あまり仰々しい尊敬語や謙譲語ではなくて、いわゆる丁寧語を上手に操っているのです。

たとえるなら、すごく仲の良い親友の3歳年上のお兄さんとしゃべっている言葉をイメージしてください。親友にしゃべる言葉よりも丁寧でありながら、何度か顔を合わせているので、距離は遠くない言葉です。

お兄さんのほうからは、気さくに「おう、元気か？」と質問されても「はい、元気です。今日はいらしたんですね」と会話ができる関係性です。これが「今日はご在宅でいらっしゃいましたか」となったら、ちょっと距離が遠すぎますよね。

■距離をあける言葉「お」「ご」、近づける「ね」「よ」

仕事の特性上、メーカーの営業担当の方とお話をする機会が多かったのですが、何度も顔を合わせている関係なのに、いつまでも「御社では……」「弊社の製品は……」と会話される方とは、なかなか距離が近くならなかった印象があります。これが「ジャパネットたかたさんは……」「うちの製品は……」に変わった瞬間、ぐっと身近に感じます。

言葉の中には、使うことで距離を感じてしまうものがいくつかあります。女性に多いのが、何でもかんでも「お」「ご」をつけたがる例です。「週末のご予定は、お決まりになりました?」はかなり距離を感じますが、「週末の予定は決まりました?」というと、ぐっと距離が近づきます。

逆に、言葉の語尾に付けるだけで距離がぐっと近く感じるのが「ね」と「よ」です。「お願いします」よりも「お願いしますね」、「評判が良かったです」よりも「評判が良かったですよ」になるだけで、かなり距離の印象が変わりますよね。

4 声のトーンを変えて心に残る話し方に

■なぜテレビ通販のMCは声が大きいのか？

テレビやラジオで商品紹介をしているとMCの声が大きいとよくいわれます。特に番組のCMタイムに流れてくる90秒のショッピングは、最初から最後までハイテンションでしゃべり倒しますので、大きいと感じられる方は、きっと多いでしょう。

ちょっとイメージしていただきたいのは、スーパーに買い物に行ったときに、たまたまタイムセールに出くわしたら、みなさん「ラッキー！」と思いませんか？　店内放送でも「いらっしゃい、いらっしゃい、さあ今から卵のタイムセール！　1パックが何と98円ですよ～、1時間だけのタイムセール！　はい、いらっしゃい、いらっしゃい」とアナウンスが流れますよね。

ボリュームはどうですか？　大きいですよね？

テレビ通販の90秒のショッピングは、まさにこのタイムセールです。番組の途中で流れるＣＭですから、トイレに立とうとしていた方、お茶をいれようと席を立ちかけた方を、「ちょっと待ってください！　今からお得な話ですよ～！」と呼び止めないといけません。ですから、自然と大きな声でしゃべっています。

でも、90秒間ずっと声が大きいＭＣと、その中にもちゃんとメリハリをつけられるＭＣがいて、この差は売上に直結します。ここからは、さらに深いスキルの話をしますね。

■実は大きい声では伝わりにくい

ムードのいい静かなカフェで、あなたが１人でくつろいでいるときに、女性４人のグループが隣のテーブルにやってきたと想像してください。女性たちは、話がだんだん盛り上がってくると、声のボリュームもだんだん大きくなります。そして、「うちの旦那がさあ」と、愚痴合戦に突入する頃にはもう大変。ボリュームどころかボルテージが上がりすぎて、歯止めがききません。あなたは大声に耐えきれず、お店をあとにすることになるでしょう。人は大きな声を雑音と感じることも多いのです。

一方で、友達や家族と大事な話をするときを想像してみてください。例えば、仲のいい会社の同僚に結婚の報告をするとき、「実はさあ、あなたもよく知っている○○

さんと結婚することになったんだ」と話しかけるとします。声のボリュームはどうですか？　どちらかというと、小声でひそひそ話す感じではないですか？

そう、人は誰かに向かって大事な話をするときは、自然と声のトーンを落とすのです。

もう一度、往年の髙田明氏のショッピングを思い出してみます。女性と2ショットでビデオカメラの性能をテンポ良く紹介していても、途中で必ず髙田氏のワンショットに映像が切り替わります。そこで「みなさん、どうですか？　お孫さんの可愛い姿をこうして映像で残してあげませんか？　3歳のときのお孫さんの姿は3歳のときにしか残せないんですよ」と落ち着いたトーンで語りかけられると、小さな孫を持つおじいちゃんやおばあちゃんはたまらずに、このビデオカメラを買ってしまうのです。

■大きい声より強い声

すべての紹介を落ち着いた小声で進行されてしまったら、お客様はどこが大事なポイントなのかわからないですよね。でも、延々と大きな声で紹介を聞かされるのも嫌なものです。

そこで大事になってくるのが「強い声」です。

子どもが道路でボール遊びをしているシーンを想像してみてください。キャッキャッと遊んでいる子どもたちは、後ろから車が近づいていることに気がつきません。あなたはとっさに「危ないよ！」と声を出します。大事な情報ですが、小さい声ではないですよね？　子どもたちの大きい声を超える「強い声」を出しているはずです。

キャッチボールにたとえるなら、大きい声は遠投、強い声は速球です。山なりの大遠投と、時速160キロの速球とではインパクトが違いますよね。スピードガンの表示で160キロが出ると球場全体にどよめきが起こります。

私はテレビ通販のときに、この「強い声」を大事にしています。特に値段を発表するときは、どこよりも自信のある価格なので、より強くなります。いや、正確にいうと、上売価の時点ではまだ大きい声、値引き後の下売価になったら最高の「強い声」となります。トーンが変わるのです。

価格以外にも、性能の中でずば抜けたものがあったら、この「強い声」を随所に挟みます。要はポイント、ポイントでお客様に大事な印象を残すためには「強い声」によって、メリハリを付けた紹介にする必要があるということです。大きい声と強い声の使い分けが上手なＭＣはよく売れます。

■対面の接客では、ささやき声も有効

人はなぜか「ここだけの話」が好きです。自分だけが知っている情報を、本当に仲の良い友達だけで分かち合う「ここだけの話」をするときに、大きい声でする人はいませんね。強い声も必要ありません。小さい声ですか？　いえいえもっと小さな「ささやき声」ぐらいが、最も効果的な「ここだけの話」ができるボリュームです。

この「ここだけの話」ボリュームを上手に使う車のセールスマンを私は知っています。鹿児島に住んでいた頃、ふらりと入ったカーディーラーで展示車を眺めていると、ニコニコ顔で男性店員が近づいてきて、

「こちらの車をご希望ですか？」

と話しかけてくれました。

いくつか質問をして、金額だけを聞いて帰ろうとすると、駐車場に出たところで、

「お客様、ちょっといいですか？」

と呼び止められ、ひそひそ声で、

「あの展示車、あと2週間で新古車として売り出しますので、新車価格より50万円安くなります。2週間後にもう一回お見えになってください。私から聞いたっていわないでくださいね。ここだけの話ですよ」

と最後になって打ち明けてくれたのです。

私は結局、その車は買わなかったのですが、そのセールスマンとはその日を境に懇意になり、彼の結婚披露宴の司会まで任される仲になりました。その後、彼はあっという間に、店長になってトップセールスマンを続けています。


接客の仕事をなさっている方はぜひ、この「ここだけの話」のトーンは有効な手段として、大切にしまっておいてください。

「お客様だけにお知らせしますけど、この服、来週からバーゲンで30％オフになるんです、今買っちゃうともったいないですよ」

「店長からはこっちをすすめろっていわれてるんですけど、私は個人的にあちらが断然おすすめです。これ、店長には内緒でお願いします」

自分だけにこっそり教えてくれたと思うと、誰でも悪い気はしませんよね。

5 レジェンドが大事にする「間」

私が髙田明氏から指導を受けた際に、何度も指摘されたのが「間」が大事ということです。

■「間」とは何か？

私も、この「間」を理解するのに、時間がかかりました。最初は時間的な空白を「間」というのだと思っていました。意識して言葉と言葉の間に、ほんのコンマ何秒かの時間を空けてしゃべってみても、テンポが悪くなるだけで、とても効果的とはいえませんでした。では、「間」とは何なのでしょう。

第1章で紹介したように、髙田明氏のショッピングのしゃべりのテンポは速くて、1分間に400文字程度の言葉を紡いでいます。それでも速さを感じさせずに、ちゃんとお客様が理解できるのは、「会話をしているから」です。テレビ通販は、MC側からの一方的な語りかけなので、実際にはお客様の声が聞こえるはずはないのですが、髙田明氏はまるで誰かと会話を楽しんでいるかのような言葉のキャッチボールをしながら話を進行していくのです。

「ねえ、こんなのが自宅にあったらいいでしょう〜」「便利な商品でしょ？　使ってみませんか？」「私にできるかなって？　できます、できます。簡単です。私でもできますから」などなど、テレビを見ているお客様が、今、おそらく発しているであろう言葉まで口にして、それに応える形で紹介が進んでいきます。目の前にお客様がいて、実際に会話しているようにです。

そのためには、想像力がとても大事だと気づかされます。今の説明を聞いたら、お客様は多分こう思うだろう、じゃあ、次にこの説明をしてわかってもらおう、というのがすべて一つの流れになっているので、テンポが速くても、スッと理解ができるわけです。つまり、「間」は、お客様との会話だったのです。

■お笑いの「間」に学ぶ

M-1グランプリの影響もあってか、最近の漫才やお笑いライブの長さは、4分というのが一つの標準になってきました。それを超えるネタは、「長尺」といわれるようです。若手のお笑い芸人さんたちは、4分という短い時間の中で、何回の笑いを取れるかを競うようになって、だんだんとテンポも速まっているように感じます。

私はお笑いの専門家ではありませんので、ネタのセンスはわかりませんが、言葉の話でいうと、予選で落ちるコンビは、やはり「間」に問題があると感じます。相方がセリフをまだいい終わらないうちに、言葉を発します。すると、聞いている人は、語尾を聞き取れていない状態で突っ込みが入ってくるので、今の突っ込みは何が面白かったのかがわからないことが多くあります。練習に練習を重ねて本番に臨んでいると思いますので、演じている本人たちは、それが自分たちの「間」になっているのでしょうが、そのネタを初めて聞く人には、「間」が足りないわけです。それでもスタジオの若い方々は笑っているので、聞き取れているのかもしれませんが、我われ中高年は、そのテンポ感では「間」が合いません。

一方、上位に入ってくるようなコンビは、この「間」が絶妙です。おそらく、そのステージだけでなく、これまで何度も何度も同じネタをお客様の前で披露して、お客様が感じる「間」を体感として体に覚え込ませているんだろうなと想像できます。売れない時代が長かったコンビが、結成10年を超えて、ようやく評価されるといったドラマがあるのがM-1ですが、その10数年目でようやく「間」を体感できたことで、しゃべり手としてのスキルが向上したのだと、私は勝手に理解しています。

漫才だけではありません。「あれから40年……」でおなじみの綾小路きみまろさんの漫談は、シニアのハートを掴んで離しません。30分でも1時間でも聴いていたくなるトークは、ネタの面白さもさることながら、「間」が絶妙なのです。一人しゃべりで進行していく漫談ではありますが、会場のお客様の反応をしっかり感じ取りながら、時にはテンポよく、時にはじっくり、時にはお客様に実際に話しかけながら、会場と一体化して進行していきますので、後半は「あれから40年……」の言葉が出てきただけで笑いがこみ上げるほど、観客はその話芸に引き込まれてしまいます。

しかし、きみまろさんにも下積み時代がありました。演芸場の幕間のつなぎでネタを披露していた時代が長く、自分で録音したカセットテープを売りながら生活をしていたこともあったそうです。客席1000人以上の会場を埋め尽くす中高年のアイドルになれたのは、長い経験の中で、笑いの「間」を会得できたからだと私は思っています。きみまろさんのセリフをお借りすれば「老婆は一日にしてならず」です。人を惹きつけるしゃべりができる人は、まさにこの「間」に長けた人だといえます。「間」の感覚がなかなか掴めない方は、このお笑いの達人のしゃべりをぜひ参考にしてください。

6 大切なのは「お客様想像力」

■本当にいいものですか？

通販番組を観ていても「よくこんな商品を紹介できるなあ」と思いたくなる商品がたくさんあります。本当に自信を持って良い商品だと思っているのか、それとも、仕事のため、生活のために仕方なく販売している商品なのか、本音を聞いてみたくなります。

さて、皆さんが販売している、もしくはこれから販売しようとしている商品は、心からこれは素晴らしいと思える商品ですか？

実際にご自宅に商品が届いたところを想像してみてください。お客様はワクワクしながら箱を開けます。商品を取り出します。家電だったらスイッチの場所を探して、恐る恐る電源を入れます。大事なのはその先です。「わあ、テレビでいってた通り、この掃除機はすごくパワーがあってよく吸ってくれるなあ、買って大正解だった」と、喜んでいただけるでしょうか？「え？　テレビではすごく性能がいいっていってたのに、ぜんぜん吸わないじゃない！　こんなポンコツ買うんじゃなかった！」と、思われる心配はないですか？

前者のお客様は満足度が高いですから、次のテレビ通販でも安心して買うことができます。後者のお客様は「もう二度と騙されないぞ」と思っていますから、すぐにテレビのチャンネルを変えられてしまうかもしれません。大事なのは商品を売ることではなくて、お客様にいかに喜んでいただけるかです。そのことを決して忘れないでください。

テレビ通販では、お買い上げいただいたお客様に商品の使い勝手を評価していただいていて、満足度を測っています。このユーザー評価で高得点を得られなかった商品は早々に消えていくか、不満が多かった部分の改修をすぐに行います。結果、紹介する商品のほぼすべてが高評価になって満足度が上がり、ファンがどんどん増えていくという構図です。

自分が心から「素晴らしい」と思える商品でなければ、決して売らないこと。もしもこの基本原則を犯しているならば、あなたは信用を失っていると思ってください。信頼こそがあなたの財産なのです。

■自信のある価値を自信のある価格で

良いものとは、最高ランクのものでは決してありません。求めている性能を十分に満たしていて、それが適正な価格であるなら、お客様はそこに価値を見出して「いい買い物」をしていただけるのです。どんなに技術が発達して、いろいろな性能が追加できたとしても、お客様が求めていないものであれば不要な機能です。

ジャパネットたかた時代に紹介していた商品は、そんな無駄な機能をそぎ落として、あったら便利で使いこなせそうな機能だけを残したジャパネットたかたオリジナルモデルとして、メーカーに作っていただくことが多くありました。見た目は市販の製品と変わりませんが、機能を減らしている分、価格も低く抑えることができるので、お客様にもメリットが大きいのです。また、機能をそぎ落としている分、訴求したいポイントも少なくなるので、番組を制作し放送する上でも、かなり磨かれてきます。

大切なことは、「この機能はお客様にとって本当に必要なのか」を想像できるかどうかです。最近の家電製品は、何でもかんでもスマホと連携して、本体に触れなくてもスマホで操作できたり、外出先から動かせたり、データを残して節電や健康管理に役立てられるものも増えてきました。確かに共働きで家事を分担して、毎日の生活を忙しく過ごしている夫婦には、とてもありがたい機能だったりもするのですが、定年を迎えていて、時間がゆっくり流れている老夫婦には、果たして必要でしょうか。外出先からエアコンのボタンを押さなくてはならないシーンがどれくらいあるでしょうか。録画した番組を外出先のスマホで観たいシニアがどれくらいいるでしょうか。

オーバースペックと呼ばれる、なくても何ら不自由に感じない機能を削ってでも、安くご紹介できたほうがお互いにとってメリットがありますよね。

■お客様の「悩み」あるあるを解消する

では、お客様にほしいと思っていただける商品とは何でしょうか？　良い商品であれば何でも飛ぶように売れるでしょうか？　答えは「ノー」です。

今使っているものが壊れて、今すぐ買い替えなきゃと思ってショッピングを観ている方なんて、全国がどんなに広くてもほんの一握りでしょう。ですから、今使っているものよりも「かなり便利そう」なものや、今までになかった「新しい」ものでなければ、買いたいとはなかなか思っていただけません。

ポイントは、お客様が今使っている商品に「何かしらの不自由さ」を感じているかどうか、生活の中で「こんなのがあったら、もっと楽になるのに」と思っていただけるかどうかです。

お掃除ロボット「ルンバ」が世界的に売れた理由は何でしょうか？　ルンバが登場する前にも、各家庭には掃除機があったわけですから、別になくても生活には困らないはずなのに、今でもルンバは人気商品です。なぜなら、人は家事に対して「面倒くさい」という思いがどこかにあるからです。面倒な掃除を人間に代わってやってくれるロボットの登場は「待ってました！」な商品だったのです。

例えば今、洗濯機のない生活は考えられないと思いませんか？　家族全員の衣服を今さら手洗いしようなんて思うことはないですよね。そこに乾燥機まであったら、どうですか？　干す手間もなくなったら、家事はずいぶん楽になりますよね。最終的には畳んでくれるマシンが登場したらもう完璧ですね。

炊飯器だって同じです。土鍋で毎日火加減を調整しながら美味しく炊き上げるのは大変ですので、ボタン一つで、自動で炊いてくれる炊飯器はもはや必需品です。最近では、料亭の土鍋炊きのように美味しく炊ける高級タイプの炊飯器も人気です。あとは炊いたあとの内窯を自動で洗ってくれるものが登場するのを待ちたいものです。

今や、皿洗いだって食洗器がやってくれますし、床拭き専用のロボットだってありますし、荷物の受け取りは宅配ボックスが24時間対応してくれます。ご飯は作らなくても、デリバリーで世界中の美味しいものが食べられる時代です。車の運転だって自動化される時代が、もうそこに見えてきました。今までは、人の手で行うことが常識だった世界が、ほとんど自動化されてきましたので、本当に便利な時代になりました。

これらの商品を開発した人は、想像力に長けていたのだと思います。人間が持っている「面倒くさい」という思いをどうやったら解消できるかを追求した結果、進化を遂げたり新しいものが生まれたりしているわけです。

私たちが商品を紹介するときも、テレビやラジオ、スマホの画面の向こうにいらっしゃるお客様を想像することが何より大切です。

「こんなお困りごとがありませんか？　それを解消してくれる、いいものがあるんです」というのが、販売の基本です。その提案に感動していただいて初めて、お客様に「買いたい！」と思っていただけるのです。

私たちが売っているのは、決して商品だけではありません。より快適な「生活の変化」なのです。

第5章

もっと商品ナビシートを活用していこう

1 ケース❶ 新ファッション（単発購入商品）を売りたい

ここからは「単発購入商品」「定期購入商品」「反復購入商品」のできるだけ具体的な例で、売れる、買いたくなる話し方を追求していきましょう。

■新たなファッションアイテムの魅力を伝えるには

アパレル・ファッション業界のライブコマースへの参入が急増しています。これまでの静止画像だけのネットショップでは、お客様はサイズ感や素材感がわかりづらいため購入を迷ったり、いざ購入してからも、「イメージと違った」と後悔したりする例が少なくありませんでした。ライブコマースはこの問題を解消することができます。

例えばインスタライブであれば、アパレルショップの店員の方が、サイズ感や着心地などを説明することができます。モデルではなく普通体型の店員さんが着用するので、実際の着用イメージがわきやすいですし、リアルタイムで質問コメントが届くので、実店舗での接客と同じようにお客様に回答することもできます。

ジャージ素材のスーツが発売されたときには驚いた記憶がありますが、最近のファッションアイテムは、見た目はプチフォーマルなのにカジュアルに着られるとか、クリーニングに出さなくても自宅の洗濯機で洗えてお手入れが簡単など、いかに気軽に着られるかがとても重要なポイントになっていると感じます。

そんな中、登場してきたのは、くつろげる部屋着なのに、そのまま近所のスーパーまで買い物に出かけても、何なら銀座のデパートまで出かけても、少しも臆することなく着られるという夢のような服です。この売り方を考えてみましょう。

ファッションアイテムの場合には、デザイン、素材、カラーバリエーション、サイズ展開、縫製、着回し、お手入れなど、語りどころがたくさんありますので、経験がものをいう世界でもあります。また、忘れてはいけないのは、人それぞれの好みがありますので、決して押し付けてはいけないというところです。服を見ているだけのつもりが、いつの間にか店員さんが横についてきて、いちいち説明されたり、何を着ても「お似合いですよ」といわれたりすると、あまりいい気持ちはしませんよね。ファッションの場合には「あくまでも提案」を心がけながら、言葉を選んでいきます。

■商品の特長を並べる

さて、ここでも、使える使えないは別にして、まずは特長を並べてみます。

・人気俳優の△△さんが着ていたことで一躍有名に
・最近雑誌でも取り上げられるようになった新しいブランド〇〇
・若者からシニアまで幅広い世代に受けるシンプルなデザイン
・ユニセックスで着られる
・シャツとパンツの上下セットアップ
・シャツはウエスト部分をシェイプさせてきっちりした印象
・体型をカバーするライン
・サイズのバリエーションも豊富でXXSから3Lまで
・透けにくい素材なのでインナーを選ばない
・パンツは幅広とスリムの2タイプから選べる
・ベルト不要で幅の広いゴムなので圧迫感も軽減
・パンツは左右2ポケットで深さもある
・モノトーンの色使いで、カラバリも3色（白・黒・グレー）のみ

・しわになりにくい素材
・伸縮性があり軽くて動きやすい
・洗濯機で洗える上にアイロン不要、しわになりにくい
・ポリエステル90％レーヨン10％なので乾きも早い
・食べ物をこぼしても染みになりにくい
・ここでしか買えないオリジナルモデル
・今季限定のデザイン
・コンセプトは「そのまま出かけられる部屋着」
・シャツもパンツもそれぞれ２９８０円
・2点購入で１０００円引き、４９６０円で買える
・５０００円以上の購入で送料無料

■ファッションアイテムは先にターゲットを設定する

さて、こう並べてみると、ファッションアイテムには、伝えなくてはならない必要事項が多くて、その中で、どこを尖らせて訴求するかは本当にセンスが問われます。

特に、今回のようにユニセックスのアパレル系の商品だと、ターゲットを男性にす

るか女性にするかによって、訴求ポイントも大きく変わりますので、先にターゲットを絞って、そこに響く訴求ポイントを厳選しないと魅力が伝わりません。

さあ、この商品、あなたなら誰に買っていただきたいですか？

私が想像したのは、休日の風景です。平日の朝よりも少しゆっくり起きて、朝食を家族でのんびりとって、「さて、今日はどこに出かけようか」と一日の予定を話し合っている、どこの家庭にもありそうな風景です。家族4人の一般家庭で、さあこれから出かけようとなると、子どもたちに何を着せていこうか、そちらの準備までしてあげないといけませんから、パパやママは自分のことまでなかなか構っていられません。

ですからここでは、まだまだ手がかかる子どもを2人持つ、女性をターゲットにします。ファッションには気をつかいたいけれど、なかなか予算をそこにかけられないというお財布事情のことまで考えていきましょう。

■ターゲットに合った訴求ポイントを見つける

では、30～40代の女性に響く、この商品の訴求ポイントを整理していきます。夫婦共働き家庭の休日は、やらなくてはならない家事がとても多いですから、少しでも手間がかからないというのはとてもうれしいポイントです。このあたりを中心に訴求ポイントをピックアップしていくと、次の3つが柱となります。

①洗濯機で洗える上にアイロン不要、しわになりにくい
②ポリエステル90％レーヨン10％なので乾きも早い
③コンセプトは「そのまま出かけられる部屋着」

この3つは、購入にあたって尖らせられそうな訴求ポイントです。仕事でスーツを着ることが多い方は、ただでさえワイシャツやブラウスのアイロンがけに追われています。子どもたちの制服だって結構な頻度でアイロンがけやクリーニングの手間がかかっていますので、手間をかけずに維持管理できるというのは、相当大きなプラスポイントです。また、洗濯物が乾かずに部屋干しが増えると、どうしても臭いも気になってきますので、乾きが早いというのも、かなりうれしいポイントです。さらには、部屋着としての着心地も良い上に、そのまま出かけられるくらい、部屋着に見えないデザインというのも、家族のコーディネイトを考えなくてよくなる分、とても助かるポイントです。

このように、お客様にとってどんな場面でメリットがあるのか、どんな悩みが解決できるのか、という点を具体的にイメージさせるような説明をすると、「ほしい」という気持ちを盛り上げられます。でも、これだけではまだ弱いので、最終最強の売り文句である武器を探していきます。

■売上を伸ばすための仕掛け

実は今回の商品には、価格回りで大事な仕掛けがあることに気づいていただけましたか？

まとめ割と送料無料です。上下セットで購入した時点で、価格が1000円安くなって4960円で買えますね。ところが、送料無料が適用されるのは、購入金額が5000円以上の場合からです。上下セットを買っただけではこれが適用されません。ですので、送料無料の恩恵にあずかるためには、最低でもあと1点は購入しないといけませんので、そのためにパンツが2種類用意されているのです。

あるいは、ユニセックスなので、男女それぞれ上下セットで計4点買っていただくことで、お得を最大限に活用できる価格設計になっているのです。となれば、今回はここを武器にしましょう。家計を預かる女性でしたら、ここは敏感に反応するポイントです。

商品ナビシート

商品名	ユニセックス　ホームウェア
型式	UNI-1013K－W

価格	1枚2,980円、2枚4,960円
分割	一括払いのみ

ターゲット	子どもを持つ30～40代女性
軸	部屋着のまま出かけられる夢のような服が、まとめ買いでさらにお得

大分類	%	中分類	小分類
注目のブランドからの新提案	30	注目のブランド	❶俳優△△さんも着用していたと話題
			❷注目のブランドから新提案
		シンプルなデザイン	❸性別・年代を選ばないデザイン
		サイズとカラーバリエーション	❹XXS～3L　白・黒・グレーのモノトーン
			❺家族みんなで着られる
着心地良くきっちり感もあるのにお手入れ簡単	30	(何といっても)そのまま外出着になる	❻着心地ゆったりなのにウエストシェイプで見た目きっちり
			❼急なお客様にも失礼がない
			❽外出しても部屋着感が出ない
		(しかも)お手入れ簡単	❾洗濯機で洗えるからお手入れ簡単
			❿しわになりにくくアイロンも不要
		(さらに)乾きも早い	⓫乾きやすいので毎日でも洗える
			⓬生乾き臭もつきにくい
まとめ買いで家族分	40	価格	⓭全サイズ2,980円＋送料
			⓮２枚以上の組み合わせで1,000円引き→2枚で4,960円
		まとめ買いがお得	⓯5,000円以上なら送料無料
		注文方法の案内	⓰画面右下のボタンをクリック

■商品ナビシートをもとにしたトーク例（ライブコマース風）

今日はみなさんにユニークなファッションのご提案です。❶俳優の△△さんが愛用していることでも話題のあの❷〇〇ブランドから、今までになかったホームウエアがこのほど新発売になりました。私も今着てるんですが、見た目もシンプルで❸性別、年代問わずどなたでも着ていただけますし、何より着心地が良くて、ゆったりできちゃうんです。そのままパジャマにもなるくらい肌触りもしなやかで、圧迫感がありません。休日はもう、この1枚でずっと過ごしたくなるくらいの快適さです。カラーは、白・黒・グレーの3色すべてモノトーンなので上下同じ色でも良いし、違う色を合わせても良いので組み合わせもしやすいですよね。

男女兼用で、❹サイズは男性サイズを基準にXXSから3Lまで幅広く揃っていますので、ぜひ❺色違いでご家族全員分ご検討なさってください。

というのも、トップスのデザインをご注目いただくと、ややゆったりしたラインなんですが、この❻ウエストの部分だけ少しシェイプしてますでしょ？　だから体型もしっかりカバーできますし、どことなくきっちりした印象を与えてくれるんですね。ということは、❼いきなり「ピンポ〜ン」と宅配の方がいらしても

大分類	中分類
注目のブランドからの新提案	注目のブランド
	シンプルなデザイン
	サイズとカラーバリエーション

このまま出られますし、白でも透け感がないですから、何ならこのまま外出もできます。

休日に家族でお出かけしようとなってから、なかなか着ていく服が決まらない！というあのストレスから解放されます。❽これを部屋着と気づく人はほとんどいないと思いますよ。軸何なら銀座の街中を歩いてもおかしくないくらいのプチフォーマルな印象を与えてくれます。どこへでもこれを着てお出かけしたくなる服なんです。

それでいて、お手入れも簡単なんです。❾クリーニングに出す必要はありません。ご自宅の洗濯機でじゃぶじゃぶ洗えます。しかも、❿しわになりにくいのでアイロンがけも必要ありません。さらに、うれしいのは乾くのも早いんです。ハンガーにかけておけば、⓫半日かからずにすぐに乾いて、ノーアイロンでそのまま着られます。便利ですよね。特に梅雨の時期は、なかなか洗濯物が外に干せませんから、⓬部屋干しすると生乾き臭も気になりますが、その心配もないんです。1枚あったら重宝しますし、何よりこの着心地は一度体験していただいたら、ほかの服には戻れないくらい快適です。

こんな便利で素敵なデザインなのに、魅力的なのはそのお値段なんです。⓭上

そのまま外出着にな

お手入れ簡単

乾きも早い

着心地良くきっちり感もあるのにお手入れ簡

下どちらも、1枚あたり2980円なんです。お手頃でしょ？　でも、せっかくなら上下セットで着たいですよね？　ですから、今回お得なまとめ割をご用意しました。⑭2枚以上のご購入で合計金額から1000円安くなって上下セットで4960円なんです。上下セットでしたら、かなりお安いでしょ？

でもちょっと待ってください。実は今回さらに特典をご用意しました。⑮合計金額5000円以上のお買い物で、何と送料も無料にさせていただきます。ですから、3点以上のお買い物から送料無料が適用されるので、パンツをワイドとスリム両方とか、あるいはトップスを色違いで3点にするというのもいいですし、せっかくならご夫婦色違いで計4点買われるのもおすすめです。だって、夫婦で4点買っても合計9920円で送料無料ですから、1万円でおつりが来ますので相当お得です。軸これで部屋着と外出着が両方まかなえるとなれば、別々に買うお値段のさらに2倍の価値が生まれますからね。

⑯ご注文は画面右下の赤いボタンから簡単にできます。カラーとサイズをお間違えないようにお願いします。

注文方法の案内	まとめ買いがお得	価格
まとめ買いで家族分		

■数字で説得する場合には、ゆっくり落とし込む

今回は、値段の説明にかなりのボリュームを割きました。この場合に気をつけないといけないのは、**数字が多くなりすぎない**ということです。

小さい頃からそろばんを習ってきて、暗算が得意という人の割合は、それほど多くはありません。算数は苦手だったという方のほうが、多いかもしれません。ですからできるだけ数字を少なくというのが鉄則です。

それでも、最初に出てくる２９８０円、合計金額から１０００円引き、２枚セットなら４９６０円と、すでに３回数字が出てきます。これを「２９８０円から５００円引きしますから、１枚２４８０円になるんです。だから2枚で４９６０円です」というように、余計な数字が増えて説明がくどくなると、頭の中が追いつかなくなってしまいます。

ですから、数字はできるだけ少なくしてください。

■双方向のＳＮＳは、お客様とのキャッチボールで

ライブコマースなどの双方向性のあるＳＮＳは、こういったファッションアイテムを紹介するのに、ぴったりの媒体です。

チャットなどの書き込み機能でライブ中にお客様からリアルタイムで質問が寄せられます。特にお店で服を選ぶ場合には、手触りで確かめることが多い素材や伸縮性などは、実際にライバー（ＳＮＳにおけるＭＣ）が手で触りながら手元のアップ画像を詳しく見せられますので、お客様は納得の上で購入に至る確率が上げられます。

また、着回しの例をいくつか提案することで、お客様は自分が持っている服のレパートリーとどう組み合わせるかを想像しますので、思いつく限りを提案することをおすすめします。

いずれにせよ、**最初に５分程度の商品紹介をした上で、寄せられた質問にでき得る限りお答えすることが大事**です。

なぜなら質問をぶつけてこられた時点で、そのお客様は半分くらい気持ちがほしい方向へ傾いているからです。興味がなければ、質問をしようという気持ちにもなりませんからね。つまり、ついつい質問したくなるくらいに気持ちを引き付ける最初のプレゼンがやはり大事なのです。最初の説明が不十分なまま形だけ見せて、あとは質問形式で進めるライバーが多く見受けられますので、もったいないなあと思います。

プレゼンの力を磨いたら、売上は格段に上がるはずです。

2

ケース②

地元の名水で作った地ビール（反復購入商品）を売りたい

■ブームに乗って商品を販売する

１９９４年の法律改正で、小さな醸造所（ブルワリー）でもビール生産ができるようになったことから、日本各地に地ビールが出回り始めました。いくつかの銘柄が人気を呼ぶ一方で淘汰された醸造所も多く、一時は日本に地ビールは定着しないのではと思われましたが、２０１５年頃からブームが再燃し、次第にブランド化されクラフトビールと名前が変わってきました。基本的には地ビールとクラフトビールは同じものです。

ビールは、美味しい水と麦芽、ホップさえあれば、それほど難しい技術はなくても製造できることから、今や日本各地にクラフトビールを名乗るブルワリーが７００近くも存在し、差別化して売ることすら難しくなってきています。

そんな中で、今回は熊本県の名水を使った地ビールを売ってみましょう。売るとはいっても、酒類の販売には免許が必要ですし、酒税法関係の届出も必要ですので、この場合、委託販売という形になります。お客様にはあまり関係ありませんので、詳しく説明する必要はありませんが、アルコールですので画面には少なくとも、未成年者への販売はできないことを謳う必要はあります。画面に出せない場合は、必ずどこかでフォローするコメントを入れることを忘れないようにしましょう。

それでも、このビールを紹介したいのは、もし気に入ってもらえたら、リピーターになっていただけて、繰り返し繰り返しの購入につながる可能性が高い商品だからです。ビールに限らず、日本酒でも焼酎でもワインでも、お気に入りの銘柄って不思議と決まってくるものです。つまり、今回のショッピングは「ファンになっていただけるか」が大きなポイントになります。

■商品の特長を並べる

さて、ここでも、まずは特長を並べてみます。

- **すべて南阿蘇でとれた原材料だけで作っている**
- **水は有名な白川水源の湧水**

・麦芽とホップは自社農園で無農薬栽培
・地元契約農家の米も使っている
・作っているのは大手ビール会社を退職したベテラン
・アルコール度数5％で飲みやすい
・冷やさなくても常温でも美味しい
・缶ではなく、すべてビン
・パッケージはシンプルでおしゃれ
・味はすっきりしたのど越しで香りもフルーティ
・年間の製造本数はわずか30万本
・地元の直売所と道の駅でしか売っていない限定品
・1本の容量は334ミリリットル
・10本のパッケージでお届け
・価格は4980円＋送料
・会員になると2回目から送料無料で買える
・賞味期限は180日だが製造から2か月までが飲み頃

■ファンとなってもらえるような訴求ポイントを探す

今回のような反復購入商品の場合、ただ1回買っていただくことが目的ではなく、長く固定ファンになっていただく必要があるので、商品が美味しいのはもちろん大切なのですが、その商品が出来上がった背景まで伝えることが大事になってきます。

ドキュメンタリーで一つの商品が出来上がるまでのプロセスを追った番組を見たことはありませんか？　試行錯誤を繰り返し、ようやく一つの商品になって世に送り出されるプロセスを知ると、自然と応援したくなるものです。人はその商品が持つストーリーに弱いのです。

この地ビールの場合、欠かせないのはどんな人が作っているのか、というところです。「大手ビール会社を退職したベテラン」というところを深く掘り下げると、誰もが名前を聞いたら知っている、あのビールを30年にわたって第一線で製造し続け、いつも変わらない味と品質を守り続けた人物とのこと。もちろんこの道のプロです。いつかは自分の手で、世界で唯一のビールを作りたいと夢を抱き続け、退職を機に、自身の故郷である南阿蘇にブルワリーを立ち上げたそうです。

退職金のほとんどをつぎ込んで、農場を買い、その一角に、素材が新鮮なまま製造できるブルワリーと直売所を作って、5年前に立ち上げたばかりです。その美味しさが口コミで話題となり、今では全国にファンが広がっています。

なるほどなるほど、ここまで聞いたら、どんな味なのか、ちょっと飲んでみたくなりますよね。

そうなんです。この「ちょっと飲んでみたい」と、いかに最初に思っていただくかが大事で、本当に美味しいものだったら、次回以降の購入につながります。ちょっと試したくなるストーリーは、大きな武器となります。

■価値が伝われば価格の適正さが伝わる

もう一つ、繰り返し購入したくなるような適正な価格であるかも大切な要素です。どんなに良い素材を使った美味しいビールでも、価格が高すぎると1回の購入で終わってしまう可能性があります。今回のビールは10本で４９８０円、１本あたり４９８円ですが、これは適正でしょうか?

大手メーカーのビールが３３４ミリリットルだと小売店価格３００円前後と考えれば少し高めですが、クラフトビールの価格としては標準です。飲食店で飲もうとすると７００円から８００円で提供されるわけですから、むしろ安いくらいかもしれません。

■データからターゲットを絞り込む

若いサラリーマンでも、中高年でも、ビールは絶大な人気がありますよね。「とりあえずビール」は、今でも変わらない飲み会の入り口です。ビール好きのうち、大きなところから徐々にターゲットを狭めていきます。

男性か女性かでいうと、ビール好きが多いのは、やはり男性でしょう。ただ、お子さんが何人もいて教育資金に追われている30代から40代のまさに働き盛りの世代は、ビールどころか自宅では発泡酒という方も少なくないでしょうね。もちろん、美味しい発泡酒はたくさんありますので、それはそれで良いのですが、今回の商品はリピーター獲得が目的ですので、ターゲットからは外れます。

となれば、自ずと子育ても一段落して少し経済的にゆとりの出てきた50代以上のシニア世代の顔が浮かんできますね。

ところがメーカーによると一番の購入層は、20代後半から30代前半の、いわゆる結婚前の経済的にゆとりのある世代だそうです。本当に良いものにはお金を惜しまないで、美味しいものなら多少高くても即決できる若者層です。こうしたデータがある場合はしっかり活用しましょう。

商品ナビシート

商品名	南阿蘇クラフトビール
型式	ASO－2H－551

価格	10本4,980円
分割	―

ターゲット	好きなものにはお金を惜しまない20〜30代の独身男性
軸	熟練の職人が作った唯一無二の地ビールがご自宅で楽しめますよ

大分類	%	中分類	小分類
天然仕込みの人気商品	30	地ビールが人気	❶全国で続々誕生している地ビールから厳選
		豊かな自然の素材が魅力	❷南阿蘇の大自然の中で素材を自社栽培
			❸白川水源の水で仕込んだ
		数量限定	❹年間製造本数わずか30万本　限定販売
プロが作った夢を乗せた念願のビール	50	（まず）手がけたのは熟練の職人	❺大手ビールメーカーで、あのビールを作ってきたプロ
			❻長年の夢をかなえた
			❼素材にもとことんこだわりたかった
		（だから）パッケージと味の魅力	❽味が大切なのでパッケージはシンプル
			❾逆にそれが味でもある
			❿長く愛飲していただける素朴な味わい
		（しかも）地元でしか買えない	⓫直売所と道の駅でしか買えない商品
リピートしやすい手ごろな値段	20	価格も魅力	⓬10本セットで4,980円＋送料
			⓭会員になると2回目から送料無料
		何にでも合う	⓮和食にも洋食にも合う
		注文方法の案内	⓯フリーダイヤル　0120-○○○-○○○

■商品ナビシートをもとにしたトーク例（ラジオショッピング風）

日中の気温も30度近くまで上がってきまして、だんだんとビールの美味しい季節になってきましたね。キンキンに冷えたビールをぐっと飲み干す、これももちろんいいんですが、今日はちょっと違う味わいのビールのご提案です。

今、日本各地にクラフトビールがいろいろ登場しているのをご存じですか？地元の天然水を使って、味も千差万別なビールが出ていて、❶今や全国のクラフトビールの銘柄は700近くもあるんです。そんな中から今日は、私がほれ込んだ熊本県のクラフトビールをご紹介します。

南阿蘇クラフトビールといいまして、パッケージも手作りしたような素朴な感じが漂っていて、いかにも手作りの地ビールといったデザインなんですが、素材もすべて地元産にこだわっているんです。❷原料の麦芽やホップもすべて自社農場で無農薬栽培したものを使っていますし、何より❸仕込み水には、日本の名水にも選ばれる白川水源の天然水を使っていますので、めちゃめちゃ美味しいビールなんですが、すべて手作りのため数がそんなに作れません。❹年間最大で30万本しか作れないという貴重なビールなんです。それを今日は特別にご紹介します

中分類	地ビールが人気	豊かな自然の素材が魅力	数量限定
大分類	天然仕込みの人気商品		

ので、ぜひご検討ください。

なぜ私がこのビールにほれ込んだのかといいますと、作っていらっしゃる方がまたすごい方なんです。みなさん「一番麦汁」というビールの銘柄はご存じでしょう？　テレビコマーシャルでもよく見かけますよね。その工場って実は福岡にあるんですが、〇〇ビールの福岡工場で❺この「一番麦汁」を30年にわたって作り続けてこられたという元工場長の方が、立ち上げた地ビールなんです。

サラリーマンをしながら30年間ずっと同じ味を守り続けてきたプロ中のプロが、いつかは自分の思い通りのビールの味を実現したいと、❻長年構想を温めていたんです。60歳の定年退職を機にようやく退職金のほとんどをつぎ込んで、まず農場を立ち上げて、❼自家栽培の麦芽とホップを作り上げ、その農場の片隅に小さな醸造所を作って、細々と地ビールの製造を始めました。

農場の近くの国道沿いにある直売所で販売を始めたところ、その味に感動したお客様がちょくちょく買いにいらっしゃるようになって、いつの間にか口コミでその評判が広がって、今では全国にファンがいらっしゃるそうです。

何より味が大切なので、❽パッケージのデザインなどは二の次。文字だけのシンプルなラベルなのですが、でも、❾この素朴さが逆に味があると人気なんです。

パッケージと味の魅力	手がけたのは熟練の職人

プロが作った夢を乗せた念願のビール

いかにも職人さんが作ったビールという風情です。実はこのビールは隠し味に、地元でとれた米が少しだけ使われていまして、これがほかでは出せないスッキリ感と、また飲みたくなる素朴さをプラスしているんですよね。⑩私も、毎日でも飲みたいと思える飽きのこない飲み口にすっかりファンになってしまいました。全国に同じファンがいるのも、一度飲んでいただいたらうなずけると思いますよ。

ただ、どこの酒屋さんでも買えるわけではありません。⑪地元の直売所と道の駅でしか買えません。こちらで紹介するのは今回が初めてですので、私、数が心配なんです。年間30万本という限界があるわけですから、足りなくなるんじゃないかと思っています。なぜならお値段です。

今回は334ミリリットルのいわゆる小瓶タイプを、10本セットでお届けします。⑫10本でお値段4980円、これに送料なんです。しかも、同梱されてくるはがきを送り返していただいて⑬会員登録をしていただきますと、次回からの送料は無料にさせていただきます。軸お店に行ってクラフトビールを注文したら、1杯のお値段は結構しますから、1本500円以内で飲めるのは本当に魅力的だと思いますよ。しかも普通は熊本まで行かないと飲めないビールって考えたら、よりお得な感じがしませんか。

価格も魅力	地元でしか買えない	パッケージと味の魅力
…ごろな値段	プロが作った夢を乗せた念願のビール	

⑭和食にも洋食にもよく合う味わいですので、毎日の食卓にこのビールがあったら、それだけでもちょっと幸せな時間が過ごせそうです。ビンでのお届けですので、ご夫婦でお酌し合って、ぜひ仲睦まじく楽しんでください。ただ、製造できる数には限りがあり、何度もご紹介できない商品です。お早めにご注文をお願いしますね。

⑮フリーダイヤル0120−○○○−○○○でお待ちしています。

注文方法の案内	何にでも合う

リピートしやすい

■反復購入しやすい商品設計も大事

5分間の商品紹介では詳しく触れていないのですが、反復購入につながるさまざまな仕掛けも必要です。

今回の商品と一緒に届くはがきを送り返して会員登録すると、2回目の送料が無料になるだけでなく、南阿蘇クラフトビールのさらに限定商品である黒ビールとレッドビールの案内も同梱されていて、そちらも送料無料でご注文いただけるようになっています。

定番のビールを飲んで「美味しい」と思っていただいたら、ほかの味も試してみたいと必ず思うはずというビール好きの心理に働きかける仕掛けです。

このように、一度目の注文を2回目、3回目の呼び水にするという商品設計なら継続性があるのですが、今、SNSの世界では逆に、初回ご注文の方に限りお試し価格980円、2回目からは4980円などの設計の商品が横行しています。

考えてみてください。もともと980円で買えたものを2回目からわざわざ高い金額で買おうと思うでしょうか？　それなら思い切って、初回はサンプルで数本を無料でプレゼントするほうが潔いというものです。

反復購入商品は、次のご注文にいかにつなげるかが本当に重要ですので、初回ではなく2回目、3回目がワクワクするような商品設計をぜひ心がけてください。

3

ケース③

男性用基礎化粧品（反復購入商品）を売りたい

■美容にお金をかける男性が増えている

まだ広く浸透していないものを売るというのは、当然ですが難しいものです。しかし、これに成功すれば、大きな販売チャンスになるともいえます。

男性の脱毛サロンやエステサロンも今や珍しくなくなりました。身だしなみに気をつかう男性の間では、今やメイクも当たり前、ネイルサロンも男性専用のお店ができているくらいですから、時代はジェンダーレスが確実に進んでいます。

とはいえ、すべての男性がそうだとはいいきれませんね。いや逆に、無精者の男性は顔を洗うにしても洗顔フォームも使わず水で洗うだけ、髪を洗うときでもシャンプーはするけど、コンディショナーやトリートメントまでは使わないという方のほうが多いかもしれません。ましてや、洗顔後に化粧水や乳液をつけてお肌のケアまで気をつけるという男性はまだまだ少ないのです。

つまり、女性に化粧品を紹介するのに比べて、男性に化粧品を売るというのは、この時点でハードルがかなり高いといわざるを得ません。でも、逆の見方をすると、お肌のケアの必要性さえ理解していただければ、まだまだ無限の市場が広がっているともいえます。

今回のケースでは、日本酒を作ってきたメーカーが、日本酒成分の美肌効果に目をつけ、女性用化粧品を売り出して大ヒットしたのですが、今度は男性向けの商品を作り上げました。ただ、男性は乳液や保湿剤、美容液といわれても、どれをどの順番でつけたらいいのかさえわかりません。そこで、すべてを一つにしたオールインワンタイプで売り出しました。

さて、この商品の魅力をどう伝えたら買っていただけるでしょうか？

■商品の特長を並べる

まずは、この商品ならではの特長を並べていきましょう。

・メーカーは200年以上の伝統ある福島県の酒造会社

・日本酒好きな方には、あの「吉宗大吟醸」で有名

・日本酒60％配合の女性用の化粧水が大ヒットし、今やバリエーションも豊富
・男性にもお肌のケアの大切さを広めたいという思いから開発
・化粧水、乳液、保湿クリーム、美容液が1本でまかなえる
・髭剃りあとのアンバランスな肌の状態を1本で改善
・それぞれを別で使うよりも手間がかからない
・日本酒のアミノ酸成分は保湿効果・美肌効果が認められている
・ヒアルロン酸などの保湿効果をさらに加えた
・油分の多い男性向けにサラサラ感を出した
・パッケージはどことなく酒蔵のレトロ感を盛り込んだ
・たっぷり720ミリリットルサイズで3980円（約3か月分）
・洗顔フォーム（1980円）とセットなら4980円で買える
・洗顔フォームは髭剃りにも使える
・セットには泡立てネット、小分けにできるアトマイザー（容器）も付属

■武器を探す前に気をつけたいこと

化粧品を紹介する場合には、必ず薬機法に基づく安全性・効果・効能に関わる表現

をしてください。

これを塗るだけで「肌がきれいになる」「美白効果がある」「シワが伸びる」「若返る」などは使えない表現なので、注意が必要です。たとえ対面販売など放送には乗らない販売方法であっても、あくまでも化粧品と医薬品には、厳密な境界線があることを意識した表現にする必要があります。

でも、みなさんはこう思いますよね。「実際に肌がきれいになった人がたくさんいるのに、それが最大の売り文句なのに、肌がきれいになるっていわずにどうやって売るの?」と。でも、現在の通販では、薬機法に触れない範囲で、ある程度の個人の感想は表現として認められています。ここでは、もっと根本的な表現で、この化粧品の魅力を掘り下げましょう。

そもそも、男性には毎朝身だしなみのために髭を剃るという習慣があります。電動シェーバーだったりT字カミソリだったり、方法は人それぞれですが、なぜ髭を剃るのかというと、無精髭では清潔感があるとはいえませんし、仕事で人と会うような営業担当であればなおさら、取引先に対して失礼だったり、印象が悪くなるおそれがあるからですよね。ちなみに、今ではだんだん着ける機会が少なくなってきたネクタイも身だしなみの一つです。

そう、今回の化粧品は、女性の場合の「きれいになりたい」願望をかなえる商品ではなくて、大人の男性のたしなみとして「手間なく」身だしなみを整えるアイテムとして売り込みたいと思います。

■改めて訴求ポイントとターゲットを整理します

今回はお酒好きな男性には、耳なじみのある日本酒会社が作っていますので、どこかの怪しい商品と思われる心配はなさそうです。逆に、おなじみの日本酒の成分が肌に優しいとなれば、親近感さえ持っていただけるかもしれません。

そこで、今回の訴求ポイントの目玉は、次の3つの要素になりそうです。

①日本酒の成分には実はお肌にうれしい働きがある
②すべてが1本でまかなえ手間いらず
③約3か月使えて経済的

でも、武器にはまだ少し弱くないですか？　無精者の男性がこれで買ってくれるとは思えません。

では、女性のみなさんも男性になったつもりで、あるいは身近な男性の朝のルーティーンをイメージしてみましょう。

朝起きて、トイレを済ませて、顔を洗いました。あ、髭を剃らなきゃ。シェービングフォームをあごにつけて、T字カミソリでジョリジョリ。ああ、すっきりした。じゃ朝ご飯を食べよう。あれ？　さっき剃ったあごのあたりがちょっとヒリヒリするなあ。まあ、いっか。ご飯を食べて、歯磨きしよう。あれ？　鏡に映った自分の顔、なんか肌が荒れてない？　あ、さっきの髭剃りあとがちょっとカサついているけど、まあ、これくらいはいいいか。

とまあ、こんな感じでしょうか。ここに狙い目があります。髭を剃ったあとの肌のカサカサ感は、男性のほとんどが経験しています。

意識の高い方はアフターシェーブローションをつけてケアしていると思いますが、そうしたケアをしないと、おでこや鼻の頭は油分でギトギトなのに、あご周りだけ乾燥しているという、同じ顔の中にバランスを欠いた状態が生まれるのです。

今回の基礎化粧品を髭剃りあとに顔全体につけることで、そのアンバランスな状態を改善することにつながります。

・髭剃りあとのアンバランスな肌の状態を1本で改善

これを最大の武器としましょう。となればターゲットは、毎朝、髭を剃る習慣のある男性となりますね。もっと具体的にいうと、毎朝身だしなみのために出勤前に髭を剃っている30～40代の男性会社員とすると、イメージしやすくないですか？

毎朝のルーティーンの中に、「ほんのひと手間」かけるだけで、今の自分よりもっと輝く自分に変われそうな気がする、今の自分よりも魅力的な自分がイメージできる、これが化粧品を販売する上での大事な要素です。

年齢よりも若く見られたいという思いは男女問わず、誰もが抱いている理想ですので、肌の衰えを実感し始めた年代に「早めの対策」を訴求するのが、男性化粧品では一番わかりやすいメッセージになります。

初めて化粧品を使う男性が多いことを想像して「ほんのひと手間だけ」でできるというように、面倒くさくないことをアピールするのも忘れないでください。

商品ナビシート

商品名	吉宗のしずく
型式	YS−G−0020

価格	単品3,980円、セット4,980円
分割	ー

ターゲット	身だしなみのために毎朝出勤前に髭を剃る30〜40代の男性会社員
軸	髭剃りあとにつけるだけでお顔全体が引き締まった印象になる いい化粧水があるんですよ

大分類	%	中分類	小分類
今話題の商品	30	あの有名酒造会社の化粧品	❶「吉宗大吟醸」で有名なあの酒造会社が今話題
			❷女性用化粧品も実績のあるメーカー
			❸ついに男性向け化粧品も発売
		男性のあるあるを解消	❹１本ですべてまかなえるオールインワン
			❺今までの悩みを一気に解消
日本酒がお肌を整える	40	（実は）日本酒の成分がすごい	❻使われているのは60%日本酒
			❼美肌効果、保湿効果が認められている
			❽さらに保湿成分を追加してオールインワンに
		（だから）使ったら手放せない	❾使った方の感想（２人）
		（というのも）男性の肌は実は敏感	❿髭剃りあとのあるあるを解消
			⓫たった１本で解決するから忙しい方に
			⓬オイリー肌にも乾燥肌にも対応
始めやすく続けやすい価格	30	充実のセットがおすすめ	⓭720mlたっぷり３か月分で3,980円
			⓮洗顔フォーム（1,980円）セットなら4,980円
			⓯泡立てネット、アトマイザーも付属
		注文方法の案内	⓰２回目以降の注文はスマホから簡単

■商品ナビシートをもとにしたトーク例（対面販売風）

日差しの強い季節になってきましたが、何かお肌のケアをなさっていますか？日照時間も長いですから少し日に当たっただけで油断するとすぐにお肌が赤くなってしまったり、ひりついてきたりと、何かとお肌のトラブルが多くなる季節でもあります。

女性の方は、小まめに日焼け止めクリームを塗ったり、UVカットの化粧品をつけたり、お肌のケアを心がけていらっしゃる方は多いですが、女性も男性もやはりできるだけお若いうちから心がけておかれたほうが、将来安心なんですよ。でも、特に男性の場合、わかってはいるけど面倒くさいからなあ、となってしまいますよね。

そこでお客様、軸ダメージを受けた男性のお肌にぴったりな化粧水があるんです。といっても一般的な化粧品メーカーの商品ではありません。❶あの吉宗大吟醸で有名な酒造メーカーが作った化粧水で、その名も「吉宗のしずく」という商品なんです。この日本酒で作った化粧水がすごいということで、今、ものすごく注目されているのをご存じですか？

中分類　あの有名酒造会社の化粧品

大分類　今話題の商品

❷すでに2年ほど前から女性向けの化粧水が世に送り出されているんですが、一度使った方から口コミでどんどん広がっていって、全国に愛用者の方が一気に増えて、今では化粧水だけでなく、乳液や美容液などラインナップも豊富なんです。❸男性向けもぜひ作ってくださいという熱い要望にお応えして、ついに登場したのがこの「吉宗のしずく」なんです。

ただ、男性の方は化粧水だの美容液だのといってもそもそもその違いもよくわからないという方も多いと思いますので、この商品、❹たった1本で、化粧水、保湿剤、美容液をすべてまかなえるオールインワンにしました。髭剃りのあとに、ぴたぴたっとつけていただくだけで、簡単にお肌のケアができてしまうんです。これだったら手間もかからないので忙しい朝にも使えそうでしょ？

ちょっとお試しでつけてみませんか？　普通の化粧水より少し多めに手の平にお取りいただいて、たっぷりお顔全体になじませてください。最初は少しべたつき感が気になるかもしれませんが、❺ここにお肌トラブルに強い秘密がありますので、ご説明させていただきますね。

実は、❻この化粧水の成分の60％が日本酒と同じなんです。日本酒にはお米以外にも、麹や酵母などが使われているので、❼もともと保湿効果があって、お肌

あの有名酒造会社の化粧品	男性のあるあるを解消
今話題の商品	

の乾燥にうれしいアミノ酸成分がたっぷり含まれているんですね。ここに着目して、この酒造メーカーでは何とかこれを化粧水にできないかと20年の歳月をかけて商品化を進め、ようやく2年前から売り出したところ、飛ぶように売れたわけなんです。ここにたどり着くまでに22年もかかっているんです。

　もともと、この酒造会社がある福島県は良質なお米がふんだんにとれますので、原材料には事欠かないのですが、何せ日本酒になるまでにおよそ3か月かかりますし、そこから製品化しますから、この1本がおよそ5か月かけて作られるわけなんですね。今回の男性向けの商品には、❽さらに保湿効果を高めるためのヒアルロン酸といったお肌にうれしい成分を追加していますから、コストもしっかりかけていいものを作っているんです。

　ですから、使われたお客様の満足度はとても高くて、個人の感想にはなるのですが、❾「営業で外周りが多くて、日焼けのあとがいつもひりひりしていたのですが、これを使い始めて、夜の肌のケアが楽になりました」ですとか、「妻にすすめられて面倒だなと思いながら使い始めたのですが、あまりの快適さに今ではこれをつけないと寝られないくらい手放せなくなりました」などなど、使ってみたら良かったというお声が続々と届いているんです。

日本酒の成分がすごい	使ったら手放せない

日本酒がお肌を整える

良さを実感できたという感想が一番多いのが、髭を剃ったあとにつけると、気持ち良さが違うというお声なんです。カミソリで顔の表面を削り取るわけですから、あご周りのお肌は結構乾燥していませんか？　そのまま外に出かけたらどうなるかというと、⑩あご周りだけ乾燥、おでこや鼻周りはちょっと油でテカテカという、同じお顔の中でもアンバランスな状態が起きてしまいます。

でも髭剃りあとに、この化粧水を顔全体につけていただいたら、全体がしっとり潤う感じになるので、その気持ち悪さからは解放されるというわけなんです。

⑪1本で済みますから、もうアフターシェーブローションは要らなくなりますね。しかも、お顔全体が潤うので、⑫オイリー肌の方も乾燥肌の方も、どちらでも使っていただける本当に優れものなんですよ。少し頬のあたりを触ってみていただけますか？　いつもよりしっとりとりした感じがしませんか？

私も毎日使っているんですが、この商品に出合う前までは午前中の顔って、どことなくむくんだ感じがあったのですが、これをつけ始めてからちょっと引き締まった気がしていて、朝から顔がスッキリする感覚があるんですね。朝会う人から「疲れてる?」といわれることが少なくなりました。すごく気に入っています。

これでお高い商品だったら、長く続けにくいですけど、このメーカーさんは遠

男性の肌は実は敏感

日本酒がお肌を整える

慮なくたっぷりつけていただきたいという思いで、たっぷりサイズの⑬720ミリリットルボトルで作りました。これでたっぷり3か月は使えますよ。およそ3か月分でお値段が3980円なんです。1か月あたり1000円ちょっとですからお手軽でしょ？

これだけでももちろんいいんですが、できたらこれも一緒に使ってください。同じく日本酒で作られた洗顔フォームです。泡立ちもいいですから、顔にたっぷりつけて髭剃りにも使えます。これ単品だと1980円するんですが、⑭化粧水と洗顔フォームのセットなら4980円でお求めいただけます。⑮さらに専用の泡立てネットに、化粧水を小分けにして入れられるアトマイザーまでお付けします。これ全部で4980円ですので、お得ですよね。⑯なくなったらスマホの専用アプリから、ご注文も簡単にできます。

軸これで朝の顔がスッキリして、毎朝前向きな気持ちでスタートできるなら、間違いなく買ってよかった、ずっと続けようって思っていただけますよ。

注文方法の案内

充実のセットがおすすめ

始めやすく続けやすい価格

■次の購入につなげるさまざまな工夫を

今回紹介した商品が、ほかにはない唯一無二の商品なら、またなくなったらリピートでご注文をいただける可能性は高いのですが、類似品が多く出回っている商品の場合には、次の一手として「浮気されない対策」が必要になってきます。

切れそうなタイミングでダイレクトメールを送って、小まめなケアをする会社だとアピールすることも大切ですし、まったく同じではなく、少しだけバージョンアップした新商品の提案をし、そちらに移行していただくなど、何かしらの努力が必要です。

以前の通信販売は、一度注文をすると次からはしつこい勧誘の電話がかかってくるといって敬遠されたものですが、最近ではさすがにイメージが悪くなるのでそうしたことは少なくなりました。何より大事なのは1回目のご注文でファンになっていただくことです。いかにしてその商品が生まれてきたか、裏にどんなドラマがあったのかを赤裸々に明かすことで、ストーリーにほれ込んでいただくのはとても有効です。ぜひ、商品の裏に隠された物語にも注目してみてください。

今回の男性化粧品のように、まだそれほど普及していない商品でも、生活の変化を予感させるような魅力的な提案ができれば、お客様に購入していただけます。ニーズは眠っているだけですので、そこに刺激を与えて起こしてあげればよいのです。

対面販売の強みは一人ひとりのお客様の悩みに細やかに向き合えることです。会話の中からその悩みを引き出して、解決に導いてください。

4 ケース④ 旅行企画（反復購入商品）を売りたい

■ありきたりなパック旅行では売れなくなっている

旅行やコンサートのような、いわゆる「サービス」と呼ばれる商品形態は、体験や経験を提供するものですので、最終的に形は残りません。ですから、いかにその提供した時間を充実したものにするかに心をくだく必要があります。

つまり、旅行などのサービスでは、日常生活で流れている時間とは、まったく次元の違う非日常を体験できるかどうかが、そのまま商品価値になりますので、お金を出してでも体験したいと思わせる魅力的な提案を意識します。

ここでは旅行をテーマに、その魅力の引き出し方を考えていきましょう。

旅行と一言でいっても、観光バスを連ねて団体で温泉地をめぐる昔ながらの旅行もあれば、海外のビーチでゆったり過ごすリゾート滞在型、世界遺産をめぐる学びの旅行など、スタイルは千差万別です。

最近では団体旅行よりも個人、あるいは数人単位で自由な時間を多く取り入れた旅行に人気があります。かと思えば、大型クルーズ船で各国の寄港地をめぐるような豪華な旅行も人気で、旅行会社はあの手この手でお客様のニーズに合わせた提案をしなければならないため、今や旅行に定型はなくなってきています。

そんな旅行の形の一つにグリーンツーリズム、というものがあります。自然が豊かな地方をめぐり、時間の流れが止まってしまったかのような非日常を体験するという旅行で、特に30～40代に人気があります。

一言でグリーンツーリズムといっても、カヌー体験やトレッキングなどのアスレチック体験を中心にしたアウトドア型のものから、農家に民泊して農作業の手伝いをする農業体験型のものまで幅広く、宿泊の日数も1泊から1週間までさまざまあります。

今回、商品として売り出したいのは、宮崎県のある農村地帯に民泊する3泊4日の農業体験型のグリーンツーリズムです。

この村は、若い世代が都市部へ流出し、70代以上の高齢者だけが残った、いわゆる限界集落だったのですが、今の70代は、みなさんが想像する以上に元気な方が多く、その集落の中でも一番若い71歳のある男性の呼びかけで、村おこしの一環として民泊の受け入れが、県の補助事業として始まりました。

このグリーンツーリズムは、3泊4日の宿泊滞在費が、極端に低く抑えられているのが特長で、現地までの交通費を除けば、3泊4日8回の食事付きで、1万2000円という格安料金です。1泊あたり4000円ですから、相当安いですよね。

ただ、問題は交通費を払ってまで、ここに滞在して、しかも今まで体験したことのない農作業をやりたいという方が、どれほど市場としているだろうか、という点です。3泊4日の期間中、近くの観光地に出向く自由時間も設定はできますが、それほど有名とはいえない観光地を目当てに、わざわざ新幹線も通っていない宮崎の地まで足を運ぼうとはなかなか思っていただけないはずです。

さあ、この商品をどうやって売っていきましょうか。

■商品の特長を並べる

この旅行ならではの魅力が伝わる特長を並べてみましょう。

- **場所は、宮崎空港から車で60分ほどの山間の集落**
- **空港まではホストファミリーが送迎してくれる**

・契約農家は約30軒で農業や畜産業が多い
・その時期に農作業が一番忙しい農家を斡旋してくれる
・初日と最終日には観光地をめぐる自由時間も設定できる
・有名ではないが、近くには吊り橋や、滝など自然豊かな観光地もある
・宿泊は１人から最大４人まで
・３泊４日の期間中２日間は農作業を手伝う
・１日は田んぼでの作業で時期によって田植え、草むしり、稲刈りなど
・もう１日は時期によりニンジンや大根、キャベツ、さつまいもなどの収穫
・滞在中の８食はすべてホストファミリーと一緒に食べる
・料理は地元で収穫された野菜を中心にした田舎の食事そのまま
・料金は３泊４日８食付きで１人あたり１万２０００円（交通費は別）
・１泊延長は追加で１日４０００円
・最大で９泊まで延長できる
・延長宿泊の利用率は60％で10人中６人が利用
・お土産として地元特産のドレッシングが帰りにもらえる
・オプションとして産地直送野菜の年間契約もできる

■隠された武器を掘り下げる

正直なところ、私はこの旅行企画を当初誤解していました。定年を控えた50代後半くらいのシニア入り口世代の夫婦が、老後は農業でもしながら悠々自適な生活を送るために、まずは3泊4日の農作業を経験してみて、自信を深めるためのプチ農作業体験をする企画だと思っていたのです。

しかし、この旅行の延泊を希望する人の動向をよくよく聞いてみると、最初は3泊4日の気軽な感じで参加するのですが、寝食をともにするうちに、4日目には帰れなくなってしまい、1日延泊、さらに1日延泊を繰り返して、いつの間にか5泊とか6泊する人が多いというのです。そして、最後には、ここで収穫される農作物を毎月の定期配送で届けてもらうサービスに、何と9割の方が申し込みをして帰ります。実際には後日、遅れて申し込みをする人を含めると実に100%近い人が申し込みをするのだそうです。

さらに驚いたことに、3泊4日で一度帰った人の中にも、再度、長期の休みを取得して、同じ農家に今度は6泊から9泊の長期滞在で訪れる人があとを絶たないというのです。

この事業を仕掛けた71歳の中心人物は、元県庁の職員で、産業振興課や農政課で長く務めた経験を活かし、宮崎の農業の現場を実際に見て触れてもらうことで、宮崎の農業のファンを増やしたいという思いから、この民泊事業を立ち上げたそうです。

スタートから1年余りでリピーターがあとを絶たないほど人気で、農家でも、後継者難で労働力が不足する中、貴重な農作業の働き手を確保できた上に、定期購入の収入で大幅に世帯年収が増えて、助かっているそうです。

そうなると、私が当初描いたプチ農作業体験は表面的な話で、実際には頑張る農家を応援するファン作りの旅行企画であることがわかってきました。

そう、隠された武器は、それまで決してつながることのできなかった農家と都会人が「心の交流でつながる民泊体験ができる」ツアーなのです。いわば大人の修学旅行です。これは売れそうな気がしませんか？

商品にせよ、サービスにせよ、背後にはそれを企画した人物がいます。

個人の場合もあればグループの場合もありますが、**できれば中心にいる一人の個人を掘り下げて、その商品やサービスが生まれるに至った「思い」の部分をしっかり聞き取ってください**。表面だけ眺めていても気がつかなかった、その商品の背景を理解することで見えてくる武器があります。

その思いに自分自身が「共感」できれば、あたかも自分が作った商品のように、その魅力を代弁できます。プレゼンテーターの仕事は、作った人の思いを伝えることでもあります。

■ターゲットを具体的にイメージする

売れそうな旅行企画だからといって、ただ闇雲にしゃべってしまっては、メッセージが伝わりません。ここでもしっかりターゲットを決めて、一番コアな層に向かって説得します。旅行会社のデータでは、50～60代の女性の参加率が最も高いそうです。

もっと具体的にイメージを深めてみましょう。

現役で働いているものの、週末は食料をまとめて買い出しに出かけ、見切り品ではなく、鮮度優先で野菜などを選ぶような意識の高い女性をターゲットにします。無農薬栽培や有機野菜のコーナーがあったら、少し高くてもそちらを選んで買っている姿が想像できる年配女性です。

商品ナビシート

商品名	宮崎の農家に民泊する農作業体験4日間
型式	―

価格	12,000円
分割	一括払いのみ

ターゲット	口に入るものにはこだわりを持っている50〜60代の働いている女性
軸	自分の目で見て確かめて安心して口にできる 農業の現場を見に行きませんか

大分類	%	中分類	小分類
思い出に残る旅行	30	空前の田舎旅行ブーム	❶世代を問わずグリーンツーリズムがブーム
			❷農業体験をしてみませんか
		企画、主催	❸旅行のプロ、○○○トラベルが企画した民泊ツアー
			❹3泊4日を基本に延泊もできる
			❺75歳までの健康な方なら、どなたでも申し込める
農業体験の魅力	50	(実は)観光なしがウケている	❻観光は日程の前後で
			❼空港に出迎えたホスト家族とそのまま寝食をともにする
		(そこで)宮崎県の農業を知る	❽無農薬栽培で農業をすることがどんなに大変かを学ぶ
		(そして)夜は語らいの時間	❾夜の食事は地元の農産物が並ぶ
			❿そのまま語らいの時間へ
		(何と)およそ6割が延泊	⓫ホスト家族の温かさに触れて延泊希望が多い
		(さらに)産直の定期配送が人気	⓬自分の目で確かめた農産物だから安心感が違う
格安で充実した体験ができる	20	驚きの料金	⓭宮崎県の補助事業だから驚きの低料金
			⓮1泊延長ごとに4,000円
			⓯村の農産物で作ったドレッシング付き
		注文方法の案内	⓰パンフレット希望は0120-○○○-○○○

■商品ナビシートをもとにしたトーク例（テレビ通販風）

　さて今回は、秋のシルバーウィークにぜひご検討いただきたい旅行のご提案です。といっても、温泉地でもなければ、豪華な食事もありません。

　みなさんはグリーンツーリズムってご存じですか？　都会の喧騒《けんそう》を離れて、自然豊かな場所でのんびり過ごす。そんな旅行は、❶実は世代を問わず静かなブームなんです。今日はそんなグリーンツーリズムの中でも、ちょっと変わった旅行です。宮崎県の椎葉村という小さな農村に民泊しながら❷農作業を体験してみませんか、という3泊4日の旅なんです。

「ええ！　旅行先でまで働くの？」と思われました？　いやいや、この旅行が今人気なんです。❸あの旅行のプロ、〇〇〇トラベルと宮崎県の共同プロジェクトで1年ほど前からスタートしたのですが、❹3泊4日では物足りずに、延泊して5泊も6泊もしたくなるくらいの感動が詰まった旅行なんです。

　それどころか、この1年の間にすでにリピーターも続出しているくらいの人気で、❺75歳までの農作業ができる健康な方なら、どなたでも申し込みができますので、秋の旅行シーズンに何も予定が決まっていないという方は、❻日程の前後

中分類	空前の田舎旅行ブーム	企画、主催
大分類	思い出に残る旅行	

で観光もできますので、まずは軽い気持ちでご検討をお願いします。

では、詳しい内容に入っていきますね。宮崎空港までは、みなさん、それぞれ交通手段の手配をお願いします。もちろん、〇〇トラベルでも航空券などの手配はできるので、ご相談ください。❼空港に、ホストファミリーとなる椎葉村の農家の方が、出迎えてくださいます。そこからは、3泊4日ずっと行動をともにしていただきます。農家に着いたら、宿泊する部屋の案内やお風呂や食事の時間など、それぞれ打ち合わせをお願いします。滞在中の食事は、到着したその日の晩ご飯から、帰りの日の朝食まで合わせて8食すべてが提供されます。もちろんホストファミリーの手作りで、椎葉村の食材がふんだんに使われた郷土料理が中心です。

農家の朝は早いですよ。2日目は朝6時には起床して、朝食を済ませたら、すぐに農作業に取り掛かります。この時期は、ちょうど稲刈りのシーズンですので、そのお手伝いをお願いします。といっても初心者だからと容赦はしません。農機具なども実際に使いながらホストファミリーと同じ作業を、日が暮れるまで一緒に行っていただきます。

3日目は、今度はさつまいもの収穫です。この村では、芋焼酎の原料になるコガネセンガンという品種が中心ですので、1個あたりが重くて、収穫は結構な重

観光なしがウケている

労働です。収穫後は、倉庫でしばらく寝かせてから出荷しますので、タイミングによっては、畑に出ずにただ運ぶだけの日になるかもしれません。いずれにせよ、ホストファミリーと同じ作業を、この日も頑張っていただきます。

❽椎葉村は、10年ほど前から無農薬栽培に力を入れているので、その分作業の量も増えますが、それが信頼につながって今ではこの村で収穫される農作物はブランドになっています。その生産の現場をつぶさに見て触れることができるわけですね。

農作業の話ばかりだと疲れそうな旅行ですが、いやいや楽しみはたくさんあります。まず、❾ホストファミリーのおもてなし料理の美味しいこと、季節の野菜だけでなく山菜の天ぷらや鮎の塩焼きなど、ここでしか食べられないものも多く出されます。そして何よりのご馳走は、ホストファミリーとの語らいの時間です。

無農薬で農業することがどんなに大変でも、それを喜んで待っていてくださる❿消費者のことを想像しながら頑張っている、という農家の方のお話を毎晩のように聞けるのが民泊の良いところです。最初は少し距離があったホストファミリーとも、3晩目にはすっかり打ち解けて、親戚のような気持ちにさえさせてくれます。翌朝、帰るのが寂しくなってしまって、⓫ついつい延泊を申し込んでしま

夜は語らいの時間	宮崎県の農業を知る	

農業体

う人があとを絶たないのです。あるいは、一度都会に帰ってから、また日を改めて同じ家族のもとに民泊に訪れるリピーターも多いといいます。

そして宿泊者だけの特典として、⓬その農家で採れた農作物を、自宅までお送りする定期配送便の申し込みをすることができます。これが大好評で、実に宿泊者の9割が申し込みをして帰ります。農作業の様子を自分の目で見て、これは間違いなく安全だというのを確かめてから申し込むわけですから、安心感がありますよね。

さあ、一生の付き合いができる家族と出会える宮崎県の農家3泊4日の宿泊体験のお値段ですが、⓭宮崎県の補助事業ということもあり、今なら、1万2000円で体験していただけます。⓮延泊の場合は1泊あたり4000円の追加で、最大9泊まで延長できますので、まずは気軽に3泊4日でお試しください。今回のお申し込みは、最大で60組までの先着順とさせていただきます。もれなく、⓯椎葉村で採れたニンジンと玉ねぎで作ったドレッシングも差し上げますのでお気軽にお問い合わせください。

詳しい旅行日程や、どんなホストファミリーがいらっしゃるのかを案内したパンフレットを差し上げていますので、お気軽に⓰フリーダイヤル0120－○○○－○○○まで、お電話ください。軸農家の方の思いを感じられる旅、みなさん

農業体験の魅力		格安で充実した体験ができる	
およそ6割が延泊	産直の定期配送が人気	驚きの料金	注文方法の案内

も参加してみませんか？　お電話をお待ちしています。

■旅行商品を紹介する上での注意点

厳密にいえば、旅行の取り扱いや紹介をする場合には、旅行業法の規定に基づいて観光庁の旅行業者等の登録を受けた事業者でなければ、旅行代理店業務を行うことはできません。今回はあくまでも仲介という形でしか紹介ができませんので、旅行の企画運営者がどこであるのかを明確に謳った上で、直接の受付ではなくパンフレットの案内に留める必要があります。ですので、コールセンターでは、パンフレットの送付先のみの聞き取りを行って、実際の申し込みや支払いなどは、旅行代理店が直接行う必要があります。

料金が安い旅行だから、民泊だからといって、気軽に申し込みを受け付けてしまうと、法律に違反することになりますので、注意が必要です。

ただ、そうはいってもパンフレットの案内だけではなかなか農業体験ツアーの魅力は伝わりませんので、やはり言葉で伝えるということは大きな説得効果があります。

家電などと違い、体験などは形には残りませんが、記憶の中にいつまでも残る商品ですので、ぜひ生きた言葉でその最初の入り口を開けてあげてください。

5

ケース⑤

オンラインヨガレッスン（定期購入商品）を売りたい

■コロナ禍で急速に広まったオンライン事業

新型コロナウイルスが猛威を振るう中で、経済活動が混乱し、外食産業などさまざまな事業が倒産の危機に追い込まれました。そんな中、その勢力をどんどん増してきたのがインターネットの会議システムなどを使ったオンライン事業です。

英会話などのオンラインレッスンや学習塾のオンライン授業はもとより、病院などでもオンライン診療を取り入れるところが増えてきました。かつては対面で行うことが当たり前だったことが、オンラインでもまったく抵抗なくできるようになったという点は、コロナの功名ともいえます。

そこで今回は、オンラインでのヨガレッスンの生徒を募集します。ヨガのブームは数年おきに訪れるといわれてきましたが、今回のコロナ禍で、自宅で過ごす時間が増えたことをきっかけに、またレッスンを希望する人が増えています。

ただ、対面ならば手足を支えて指導することもできますが、画面越しとなると、そうはいきません。ましてや、数人の生徒が同時に受講する場合には、一人あたりの画面の面積が小さくなるので、正しい姿勢ができているのかを確認するのも困難です。ましてや、自分でお手本を見せながらとなると、インストラクター自身も画面から一定の距離を取らないと映りきれませんので、パソコンの画面はますます遠くなります。

さて、これらの課題を克服しながら、あなたならどうやって、このヨガレッスンの魅力を伝えますか?

■インストラクターの魅力を掘り下げる

こういった定期購入商品（サブスクリプション）では、お客様と長いお付き合いになるわけですから、小手先の売り方ではなく、王道の魅力の発信を考えるのが最優先です。ヨガレッスンの場合、誰が教えるのか、どんな実績のある方なのかがとても大事で、その実績いかんで料金が変わってくるといっても過言ではありません。

ただ、すべての講師に、そのような実績があるとは限りません。今回のレッスンを行う本仮谷涼子先生（仮名）も、インドで修行をしたとか、有名人に指導をした経験があるとか、目覚ましい実績があるとかを謳えるわけではありません。でも、レッスンの中身には非常に定評のある方だということがわかっています。

涼子先生は、もともとご自身の体重が70キロ近くあり、ダイエットのためにヨガを始めました。まったくの初心者から始めて、わずか1年ほどで、20キロの減量に成功し、その実体験をSNSで発信したところ、「私も痩せたい」というレッスン希望者が続々と集まるようになり、教室を開いて、1回あたり5、6人ほどの生徒を相手に、ダイエットに効果的な動きを中心にレッスンをしていたそうです。

ところが、突然のコロナ禍で対面でのレッスンが厳しくなり、オンラインレッスンに切り替えたのを機に、ご近所だけでなく、広くダイエットヨガを広めたいと今回のオンラインレッスンの生徒募集につながったというわけです。

なるほど、そうなると、ちょっと売れそうな感じがしてきましたね。

■商品の特長を並べる

では、そんなヨガレッスンには、どんな特長があるのか並べてみましょう。

- **レッスンは午前10時と午後2時・5時・8時の4回ライブで行う**
- **1回あたりのレッスンは30分**

・アーカイブは好きなときに何度でも観られる
・アーカイブレッスンは古典・瞑想・マタニティ・集中など60種類
・アーカイブは家族誰でも視聴できる
・ライブレッスンの参加者は1回最大15人まで
・インストラクターは大画面モニターで全員の姿を確認
・ほかの生徒に自分の姿は見えない
・ウエアの制限は特に設けない（服装自由）
・インストラクターは20キロのダイエット成功者
・生徒からは涼子先生の愛称で呼ばれる人気講師
・60種類のヨガのうち約半数は涼子先生のオリジナル
・60種類の中でもダイエットコースは一番人気で約20種類
・痩せたい部位を選べる
・パソコンがなくてもスマートフォンで参加できる
・これまでにダイエット成功者は10人以上
・中にはマイナス30キロのダイエット成功者も
・会費は月々1980円（入会金なし）

・途中退会のペナルティは一切なし
・初心者も大歓迎
・入会特典として希望者にはヨガマットをプレゼント
・最初の1か月は何度でも体験無料
・1年以上の継続特典として月会費980円に減額

■商品（サービス）の隠れた武器を探す

訴求ポイントだけを眺めていても、どこにでもよくあるヨガ教室の案内です。ここが最高にすごいという武器はなかなか見えてきません。さて、この中からどこを一番尖らせて訴求したら、みんなが「入りたい！」と思うでしょうか？

私は、もう一度インストラクター涼子先生のプロフィールに立ち返りました。生徒を集めてヨガ教室を始めたのはおよそ3年前のことです。それまでは趣味でSNSに動画をアップしているだけでした。生徒が集まり始めたのも、今から3年前ですので、生徒数がそれほど多いわけではありません。

よくよく聞いてみると、転勤や仕事の都合で増減はありましたが、生徒の数は全体で20人程度とのこと。つまり、20人しかいない生徒のうち半数以上がダイエットに成功していることになります。正確な数を教えていただくと、14人が以前よりも「痩せた」といいます。つまり、ダイエット成功率は70％もあるのです。これは強力な武器になりますね。

しかも、当初から習い続けている方がほとんどで、転勤などによる退会者を除くと、3年間の継続率は9割以上なんだそうです。気さくな涼子先生の人柄も魅力の一つですが、みんなでダイエットを成功させようと応援してくれるアットホームな雰囲気が、生徒に辞めたくないと思わせているようです。

■メインターゲットはお客様データを参考に

このヨガ教室の場合は、データからも女性がメインターゲットであることは間違いなさそうです。さらに年代別で見ると、40代から50代が多く、特にお腹周りに脂肪がつきやすい体型の方が、申し込みをされているようです。

痩せたい、美しくなりたいというのは永遠のテーマですので、ダイエットに挑戦してはあきらめ、また挑戦してはあきらめを何度も繰り返している、この年代の姿は想像しやすいですよね。70％もの人がダイエットに成功しているという数字は強い武器になりますので、今回は何よりも数字にこだわった紹介ができそうです。

商品ナビシート

商品名	オンラインダイエットヨガ生徒募集
型式	ー

価格	月額1,980円（初月無料）
分割	ー

ターゲット	今よりももっとスリムになりたいと願う40〜50代の女性
軸	仲間と一緒に頑張れるから成果が出やすいダイエット法がありますよ

大分類	%	中分類	小分類
オンラインで気軽に始められる	30	学びの季節にヨガの提案	❶オンラインで気軽に学べる時代
			❷オンラインでヨガを始めてみませんか？
		ダイエットで話題に	❸20キロのダイエットに成功したインストラクターが講師
			❹生徒の実に７割がダイエットに成功
		今なら無料で試せます	❺今なら初月無料で何度でも試せるのでまずは入会を
充実のコースと驚きの継続率	50	（まずはじめに）コースも充実	❻ライブレッスンは１日４回　限定15人
			❼プライバシーにもしっかり配慮
			❽アーカイブなら60の講座が受け放題
		（では）なぜ継続できるのか	❾受講者の多くがダイエットで悩む女性
			❿一人じゃ頑張れないけど一緒なら
		（そして）何より先生が魅力的	⓫涼子先生の人柄が生徒をやる気にさせる
			⓬生徒の継続率は９割以上
良心的な価格	20	始めやすいし続けやすい	⓭１か月の会費は1,980円 初月は無料で何度でも体験できる
			⓮希望者にはヨガマットをプレゼント
			⓯継続特典として２年目（13か月目）からは980円
		注文方法の案内	⓰画面右下の赤いボタンから簡単申し込み

■商品ナビシートをもとにしたトーク例（ライブコマース風）

読書の秋、スポーツの秋、到来ですね。秋は何かと学びをスタートさせるのにぴったりの季節です。最近では、わざわざ教室まで足を運ばなくても、❶自宅に居ながらにして学べるオンライン授業もいろいろと増えてきました。このライブコマースで紹介したいのが、ある❷オンラインヨガ教室なんです。秋は食欲の秋でもありますので、ついつい食べすぎてしまって、お腹ぽっこりってことになっていませんか？　実は今回ご紹介するヨガ教室は、ダイエットでとても定評があるんです。

この教室を主宰しているのは、本仮谷涼子先生といって、ご本人もヨガに出合う前までは体重が70キロ近くあって、これではいけない、何とかせねばとの思いから、藁にもすがる思いでヨガを始められたそうなんです。そしたら何とわずか半年で体重が10キロ減少。さらに半年で10キロ、つまり❸1年でマイナス20キロの減量に成功なさって、今ではスリムな体型をずっと維持しているんです。

この体験をSNSにアップしたのをきっかけに、私にも教えてほしいという生徒さんが集まるようになって、❹何とこれまでに生徒さんの7割がダイエットに成功したというんですね。みなさんどうですか？　今までダイエットに何度も挑

中分類	学びの季節にヨガの提案	ダイエットで話題に
大分類	オンラインで気軽に始められる	

戦したけれど、一度も成功してないとおっしゃる方は、まずは体験レッスンから始めてみませんか？　❺最初の1か月間は、何度でも無料でレッスンが受けられますので、ぜひこの機会に気軽な気持ちでお試しになってください。

では、詳しい中身に入っていきますね。オンラインレッスンはパソコンがなくてもスマートフォンさえあれば、どなたでも参加できます。月曜日から土曜日の午前10時から夜の8時まで❻1日4回のライブレッスンがありますので、お好きな時間に受講できます。インストラクターは一人ひとりにしっかり目が届くように大画面モニターで姿勢をチェックしていますが、それでも最大15人までが限界ですので、必ず事前予約が必要です。

インストラクターからはみなさんの姿が確認できますが、❼ほかの生徒さん同士は見えないようになっているので、どんな服装で参加されても構いません。何ならパジャマでも大丈夫です。

ライブ授業以外にも❽アーカイブ授業が充実していて、古典ヨガ、瞑想、マタニティ、集中力アップなど目的に応じて60種類以上の中から、何度でも自由に選んで受講いただけます。1回あたりは30分程度にまとめられていますので、隙間時間を活用して受講できるのもうれしいですね。

今なら無料で試せます	コースも充実
オンラインで気軽に始められる	驚きの継続率

この講座はオンラインになる前から人気で、一度生徒になられた方の実に9割以上が半年以上ずっと継続されているのですが、その人気の秘密はどこにあるかというと、やはりダイエットの実感なんですね。深い呼吸は有酸素運動ですので、体の新陳代謝を促すといわれています。呼吸法に重点を置くヨガは、❾痩せたいと願う女性に支持を得ていて、受講者のほとんどが女性なんだそうです。

普通はダイエットって自分との闘いなんていわれますから、なかなかつらくて頑張れない、続けられないという方が多いのですが、この教室は、❿仲間と一緒に頑張れるので続けやすいというのです。でも、不思議に思いませんか？ このオンライン授業は生徒同士の姿は見えないのに、なぜ横のつながりを感じられるのでしょう。そして、こんなにも長く続けられるのでしょう。

それはインストラクターである涼子先生のレッスンそのものに秘密がありました。先生は30分のレッスンの間、15人の生徒の名前をどんどん呼んでいきます。例えば「吉田さん、お腹意識してねー」「木村さん、二の腕もっと上げて上げてー」などなど、一人平均4〜5回は、呼ばれます。軸頑張っているのが自分だけではないことが意識できて、モチベーションアップにつながるのだそうです。⓫涼子先生の一人ひとりを思う気持ちが伝わってきますよね。先生の人柄が表れたレッ

なぜ継続できるのか

何より先生が魅力的

充実のコース

スンは、ヨガ教室としてはにぎやかすぎて本流からは外れるのかもしれませんが、みなさんならどうですか？　受けてみたいと思いませんか？

⑫結果的に、半年継続率は9割を超えていて、そのうちのダイエット成功率はおよそ7割といいますから、受講者の3人に2人は、何かしら成果が出ているということがいえます。

しかも、レッスン料も良心的なんです。もともと趣味で始めた教室なので、涼子先生には、ここで儲けたいなんて気持ちは全然ありません。⑬月の会費は、レッスン受け放題で1980円なんです。いかがです？　安いでしょ？　しかも最初の1か月間はお試し期間ということで、無料で何度でも受講していただけます。初心者の方でも始めやすいようにと、⑭希望の方にはヨガマットも無料でプレゼントしています。そして、優しいなあと思うのは、ぜひ頑張って続けていただきたいという思いから、⑮1年継続して2年目に入ると、受講料はもっと安くなって980円になるんです。受講し放題で980円は格安でしょ？　長く続けるファンが多いのもうなずけますね。

ただし、こちらのオンライン授業はあまり生徒が増えすぎると、予約が取れなくなるおそれがありますので、今回の募集は先着80人までとさせていただきます。

何より先生が魅力的	始めやすいし続けやすい	案内
充実のコースと驚きの継続率	良心的な価格	

⑯お申し込みは、画面右下の赤いボタンをタッチしていただくと、たった6項目のご記入だけですぐに申し込みができます。ただし、80人に達した時点で、受付終了となりますので、できるだけお早めにお願いします。

注文方法

■定期購入商品の紹介は長いお付き合いのためのきっかけづくり

単発購入商品と違い、今回は金額のお得感よりも、このレッスンの魅力の本質を語る必要がありますので、1か月無料やヨガマットプレゼントはさらりと紹介する程度に留めています。特典を理由に始めたいと思う人は結局、入会したとしても続かない可能性が高いからです。涼子先生の体験に基づくレッスン内容に興味津々の方こそ、今回獲得すべきお客様です。

今回の紹介は、長いお付き合いを始めていただくお客様に、そのきっかけを与えたに過ぎません。そんなお客様だからこそ、レッスン内容に目を輝かせて、毎日いきいきとヨガに取り組み、体重計とにらめっこして一喜一憂する姿が想像できるのです。

こういったオンラインでのレッスンは今、どんどん増えています。英会話や学習塾、ビジネス講座、メイク講座、空手などのスポーツ講座など、居住する地域の縛りから解放されるので、どこに住んでいてもサービスが提供できますし、サービスが受けられます。可能性は無限大です。大きく分けると、マンツーマンレッスンなのか、複数人同時レッスンなのかで、魅力の伝え方が変わります。

マンツーマンレッスンは、実店舗の対面販売に近い感覚で、その方のニーズに合わせて細やかなアレンジができることが訴求ポイントですので、そこを強調してください。学習塾がわかりやすいですね。苦手教科の苦手項目に細やかな対策ができるので、苦手克服につながることをイメージした訴求がお客様に響きます。

複数人同時レッスンの場合には、初めて参加する人の、「自分のような初心者がついていけるかしら」という不安な気持ちをまず解消するところが最初の関門です。同じような初心者レベルの人が、何人も参加していて、同じ目標に向かって頑張っているからこそモチベーションが維持できることが大事なポイントですので、そこを強調してください。そのため、レベルに応じていくつかのコースが用意されているとよいでしょう。

6

ケース⑥

高齢者の見守りサービス（定期購入商品）を売りたい

■急激に増える独居老人対策は必須課題

家族の生活の形は、昔の大家族同居型から核家族化、そして個別生活型へとだんだん姿を変えています。家族同士をつなぐアイテムも手紙や電話の時代から、メールやLINE、SNSへとその形を変えてきています。

それでも毎日連絡を取り合うわけではないので、実はそこに新しいサービスを提供できるチャンスがあります。時代の変化に応じて生まれる商品やサービスは納得感のあるものが多いですから、なぜ、そのサービスが生まれてきたのか、なぜ必要なのかという背景を紹介の中に取り入れることで、ニーズを掘り起こすことができます。ここでは高齢者を持つ家族の場合で考えてみましょう。

日本の高齢化が止まりません。人口に占める65歳以上の高齢者の割合は２０２２年には29％を超え、約３人に１人が高齢者という時代に突入しました。かつてのように働き手世代が高齢者を支える社会構造は破綻し、企業では定年延長や再雇用などが加速して、今や70歳まで働くのが当たり前となっています。

そんな中で、一人暮らしの高齢者世帯も次第に増え、65歳以上のみの世帯のおよそ半分は、男女どちらかの高齢者の一人暮らし、いわゆる独居老人です。身の回りの世話をするヘルパー事業や訪問看護サービスなどの医療関係事業者も増えていますが、動ける高齢者を対象にした新規サービスの事業者も続々と登場しています。毎日の食事を届ける食事の配達サービスや、セキュリティ会社のシステムを活用した見守りサービスなどが代表的な例です。ただ、費用的な問題もあり、導入に至るケースは少ないようです。

そこで今回は、スマホにアプリを入れるだけで、毎日の活動の様子や、心拍数などのいわゆるバイタルチェック、さらに、いざというときの駆け付けまでを総合的に行う新規サービスを普及させたいと思います。

■商品の特長を並べる

では、ニーズに訴えかけるような特長（今回のケースでは注意事項も含みます）を並べていきましょう。

・家族を見守る負担が軽くなる
・スマホにアプリを入れるだけの簡単操作ですぐにサービス開始
・毎日の活動記録がつぶさに家族に送られてくる
・起床時間、心拍数、歩数、移動距離、就寝時間、睡眠の質までわかる
・部屋の照明がついていた時間の記録も残る
・バイタルデータの異常値はすぐにアラームで家族に通知される
・活動がなくなって3時間が経過すると家族にアラームで通知される
・家族からの依頼を受けて、近くのセキュリティ会社が24時間体制で確認に走る
・現地スタッフが家族に電話かメールで安否情報を知らせる
・月額の基本料金は500円。1回出動要請ごとに3000円
・スマホが1台増えるごとにプラス200円
・スマホを忘れて出かけたり、充電が切れたりすると活動記録が送信されない
・アプリを入れるためには、高齢者の同意が必要
・機種変更の際には無料でアプリの更新ができる

■武器がどこにも見つからないときの救いの手

アプリを使った高齢者の見守りサービスですので、本来、温かい話をたくさんしたいのですが、特長の中には武器らしい武器は見当たりませんね。

このアプリの機能の説明だけを延々と繰り返していたのでは、理論上は良さそうな感じはするものの、このサービスの魅力は、全然伝わりそうにありません。この場合は、どうやって糸口を見つければいいのでしょうか？

そこで今回は、このアプリがどんなケースで役に立ったのかを、メールマガジンによるアンケートで集めてみました。すると、すごい武器が出てきました。

87歳の母親が、お風呂場で足を滑らせて腰を打ち、動けなくなっていたところ、アラームで家族に通知がいき、すぐに救急車が駆け付けた例や、92歳の父親の心拍数が急に上がって駆け付けたところ、新型コロナウイルス感染症の高熱でうなされて、脱水症状になっていたなど、間一髪で助けられた例が30件以上もあったのです。

これは、まさに武器です。こういった安心を買うサービスは、保険も同じですが、究極の理想は、使われないことです。でも、実際に使われて役に立ったケースは何よりも強い説得材料になるのです。

ただ、注意しないといけないのは、決して人の不幸を商売の道具にしてはいけない

商品ナビシート

商品名	アプリを使った高齢者見守りサービス	価格	月額500円、出動１回3,000円
型式	ー	分割	ー

ターゲット	一人暮らしの高齢者を家族に持つ40～50代の働く男女
軸	自宅に居ながら元気な様子がわかるので安心感が違いますよ

大分類	%	中分類	小分類
簡単に始められる	20	高齢者見守りの実情	❶家族の見守りが負担になっていませんか
		スマホで簡単	❷高額な出費は一切なし、スマホにアプリを入れるだけ
			❸これなら、すぐにでも始められます
いざというときの心強い味方	40	（そもそも）届く情報も充実	❹元気に活動している様子が手に取るようにわかる
			❺毎日心配する必要がなくなります
		（さらに）いざというときも安心	❻アラームで万が一をお知らせ
			❼セキュリティスタッフがすぐに駆け付けます
		（ただし）機能に関する断わり	❽スマホ忘れ、充電切れの際もアラームが鳴る
		（それでも）実際にあった良かった例	❾ケースその１　87歳女性の例
			❿ケースその２　92歳男性の例
これで安心が買えるなら安い	40	リーズナブルな価格	⓫アプリ利用料金だけなら月々500円（１対１の場合）
			⓬家族が増えるごとに200円追加
			⓭出動要請ごとに3,000円
		注文方法の案内	⓮フリーダイヤル　0120-○○○-○○○

ということです。くれぐれも言葉選びを慎重にしながら、商品ナビシートをまとめていきましょう。

■商品ナビシートをもとにしたトーク例（ラジオショッピング風）

敬老の日も近づいてきましたね。たまには実家の親御さんに電話をかけて近況を聞いてみようかとお考えのみなさんも多いのではないでしょうか？　でも、どうですか？　❶最近は耳も遠くなって、電話してもなかなか話が通じないとか、男親の一人暮らしで、話をしても面倒がって続かないってこと、ないですか？　しかも、毎日電話というわけにもいかないですよね。

そこで最近、一人暮らしの高齢者を対象にした見守りサービスというのも増えてきました。家にセンサーを設置して動きを観察するというものが多いのですが、設備を追加するとなると費用面でもばかになりません。でも、今日ご紹介するサービスは、その心配がありません。❷今お持ちのスマホにアプリを入れるだけ、24時間、いつでも情報が届きますし、❸初期投資なしですぐにスタートできますので、とっても便利なんです。

中分類	高齢者見守りの実情	スマホで簡単
大分類	簡単に始められる	

では、どんな情報を教えてくれるのか、さっそくご紹介していきますね。まず朝、目が覚めたら起床時刻、夜中にトイレに起きた回数もわかります。そして、❹一日の心拍数の変化や、歩いた歩数、歩いた距離、就寝時間から眠りの深さまで、報告してくれます。これだけの情報が毎日リアルタイムで届くわけですから、❺会話をしていなくても「ああ、元気に過ごしているんだな」って安心ですよね。

そして、このアプリがすごいのは、ここからです。もし心拍数が急激に変化していたり、活動の記録が3時間以上ストップした場合には、❻アラームで教えてくれるんです。もしお近くにご親戚の方が住んでいらしたら、「ちょっと様子を見に行って」と頼めますので安心ですし、頼めるような知り合いがいないという場合でも、❼セキュリティ会社の警備員が駆け付けて、安否連絡いただいたら提携している を確認して、1時間以内に報告しますので、万が一の場合でも安心感が違います。

ただ、アプリですから、❽スマホを家に置いたまま出かけてしまったり、充電が切れてしまったりした場合にも、アラームが届いてしまいますので、ここだけはご容赦いただきたいと思います。

お使いになっているご家族からは、これがあって助かったというお声が続々と寄せられていまして、例えば、❾87歳のお母さまが広島で一人暮らしをしている

届く情報も充実	いざというときも安心	機能に関する断わり	実際にあった良かった例
いざというときの心強い味方			

という東京都の55歳の女性からは「ある日の夕方、母がお風呂場で足を滑らせて、腰を強く打ってしまい、一人で動けなくなっているのを、アプリのアラームで教えてくれて、ほどなく近くの親戚が駆け付けて、救急車を呼んで病院に運んでもらえました。あのまま、一晩中寒いお風呂場で倒れていたら危なかったと思います」といったお声もあります。

また、⑩92歳のご高齢のお父様が島根県で一人暮らしをしているという大阪の60歳男性は、「心拍数がおかしな上下変化をしているのをアプリのアラームで教えてくれました。仕事ですぐには行けなかったので、セキュリティサービスに依頼して駆け付けてもらったら、高熱でうなされていたんです。新型コロナに感染していたらしく、そのまま入院になりました。一人で孤独死していたんじゃないかと思うと、今でもぞっとします」とおっしゃっています。

これだけのしっかりした安心が買えて、⑪毎月の料金はスマホに親御さん1台とご家族1台にそれぞれアプリを入れて月額500円なんです。こんな大きな安心がわずか500円だったら、いかがですか？　さらにご兄弟で情報を分かち合いたいという方は、⑫1台増えるごとに200円追加するだけです。そして、安否確認のためセキュリティ会社に出動を要請した場合でも、⑬1回あたり300

実際にあった良かった例	価格
いざというときの心強い味方	えるなら安い

0円なんです。良心的な価格じゃないですか？

❶軸けがや病気のときって、電話をしてもまずつながらないですから、それだけでも心配が募りますし、事情があってすぐに行けないということもあるでしょうから、こういったサービスはお金には代えられないくらいの価値がありますよね。

もしアプリのインストールの仕方がわからないからサポートしてほしいなどありましたら、スタッフがサポートさせていただきますので、お気軽にお電話ください。

⓮フリーダイヤル0120ー○○○ー○○○でお待ちしています。

リーズナブル

これで安心が

注文方法の案内

■サブスクリプションならではの恩恵を知る

私はすでに両親を亡くしていますが、10年前にこんなサービスがあったら、私も入りたかったと心から思います。こういった新しいサービスが低料金で提供できるのは、人件費をほとんどかけずにサービスが提供できているからです。

アプリさえインストールすれば、あとはスマホ同士で勝手に情報のやり取りをしてくれるわけですから、サービスを提供する側としては、アプリの更新だけでほとんど手間は要りません。セキュリティ会社も自分で抱えているわけではなく、提携している会社に出動してもらうだけですので、実際の経費もほとんど発生していません。

それどころか、最近のアプリを使ったサービスは、広告をうまく取り入れることで、月会費の収入をはるかに上回る収益を得ている会社が多くあります。こういった見守りサービスにも、保険会社やシニア向けの日用品の会社などから多くのオファーがあるでしょうから、私たちは低額で質の高いサービスを受けられるという恩恵にあずかっているのです。

サブスクリプションサービスを販売・紹介する上で大事なのは、相場観です。他社の料金を調査した上で、提供するサービスといただく月額料金のバランスがちょうど良いところを見つけてから販売をスタートしてください。

7 商品ナビシートでどんな商品でも売れる！

■商品のカテゴリーを選ばない商品ナビシート

ここまでいろいろな商品の「商品ナビシート」を作って、しゃべりの具体例を示してきましたが、途中でみなさん、気がつきました？　商品ナビシートはどんな商品を売る場合でも、同じ書式で完結しています。販売する商品のカテゴリーも選びませんので、食品であったり、車であったり、デジタル機器であったり、あるいは形のないサービスであったりと、いろいろな商品に当てはめて考えられるのです。

ただ、通信販売会社では、大まかな形は一緒なのですが、販売チャネルごとに微妙に商品ナビシートの形式は変えています。カタログで売る場合の商品ナビシートと、テレビ通販で売る場合のものとでは、お客様に残したい印象が変わることがあるからです。

例えば、テレビ通販でエアコンを売る場合には、どれか一つの機種に絞って紹介するのが常道ですが、カタログの場合には、複数の機種を並べて紹介することが多いため、この機種は高機能で自動掃除ができるとか、この機種は空気清浄がすごいとか、単機能エアコンは価格がとにかく安いなど、一番訴えたい部分を際立たせる商品ナビシートになります。

いずれにせよすべての商品で商品ナビシートを作成して、それに則った訴求をすることで、メッセージが大きくブレないようにしているのです。

■誰に何を訴えるのかを明確に

どの商品でも、まず、どんな人に買っていただくのかというターゲットが明確であること、どんなメッセージで売るのかが明確であること、そして、いくつかの訴求ポイントの中で、最終最強の売り文句である武器は何であるかが明確であることが、商品ナビシートの基本です。

ということは、実は販売だけでなく、講演やスピーチなどでもこのシートは有効で、「講演ナビシート」になります。今日のお客様はどんな方が来場しているのか、何を聞きたいと思って来ているのか、どんなことを話したら一番喜んでいただけるのかを明確に地図化することで、話が格段に伝わりやすくなります。

私は前職の放送局のアナウンサー時代には、いろいろな講演にお邪魔してお話を聞く機会がありましたが、「一体、この人は何がいいたいのか」が、結局わからないまま終わってしまった講演も少なくありません。おそらく、本人の中には、伝えたいことはあったと思うのですが、聞いた人の心にそれが残っていなければ、話しただけで伝えたとは言い難いのです。

話が上手な人の講演は、メッセージが明確で伝わりやすいので、聞く人を飽きさせません。

結婚披露宴の来賓祝辞を想像してみてください。あらかじめ準備してきた文章をただ読み上げるだけの人で、面白かったことはありましたか？

スピーチが上手な人は、話したい講演ナビシートのようなものを頭に描きながらしゃべっているので、途中で話が脱線したとしても、またすぐ軌道修正でき、話が理解しやすいのです。

あなたも、せっかくなら人に聞いてもらえる話し方の達人になってください。

おわりに

私はジャパネットたかたで10年間にわたって毎日毎日、商品を売り続けてきました。どんな商品にも、それを作った開発者の方の思いがあります。そして、それを見つけてきたバイヤーの思いがあります。商品は誰かの思いでできているということを、この10年で学んできました。

しかし、どんなに素晴らしいものでも、最終的なアンカーであるＭＣやショッピングキャスターやライバーが、伝え方を間違えてしまったら、その商品の魅力は伝わりません。本来、すごくいい商品なのに、まったく売れないということが起こります。

世の中には、まだまだ素敵な商品が埋もれています。せっかく素晴らしい商品が生まれても、それを伝えるすべを知らなければ、世に広まることはありません。また、正しい使い方を提案しなければ、便利さは伝わりません。

伝えるということは、本当に奥が深い世界です。多くの通販番組やライブコマースを観ていても、「伝えたつもり」になっている伝え手が多いことに愕然とします。

これまで解説してきた「商品ナビシート」は、あくまでも、魅力を伝えるための手段ではありますが、伝えたい情報の整理にはとても役立つツールです。たくさんある商品情報の中から、光るものを選び抜き、それをどんな順番で伝え、最終的に何を武器にして買っていただくか、頭の中をスッキリさせることで、メッセージが明確になり、誰が聞いてもわかりやすい説明につながります。

今まで「商品は良いのに売れない」と悩んでいらっしゃった多くのセールスに携わるみなさまの販売ツールとして活用していただきたいですし、私自身も、世の中に埋もれている商品を発掘して、世の中に発信していきたいと考えています。

良いものは、必ず売れます。商品を信じて、その商品がたくさんの方に使われている姿を想像して、販売という仕事でワクワクを感じてください。

本書が、その一助になることを期待しています。

馬場雄二

◉参考文献
髙田明 著『伝えることから始めよう』（東洋経済新報社）
髙田旭人 著『ジャパネットの経営』（日経ＢＰ）

制作：**株式会社アネラジャパン**

テレビ通販で分かった
「売れる!」話し方

2024年３月20日　初版第１刷発行

著　者　　馬場雄二
発　行　　フォルドリバー
発行／発売　株式会社ごま書房新社
〒167-0051
東京都杉並区荻窪4丁目32-3
AKオギクボビル201
TEL：03-6910-0481
FAX：03-6910-0482
https://gomashobo.com/

印刷・製本　精文堂印刷株式会社

ISBN978-4-341-08856-9